존 비비어의 성령님

The Holy Spirit: An Introduction

Copyright © 2013 by John P. Bevere Jr.

Originally published in English under the title:
The Holy Spirit: An Introduction by Messenger International, Inc.
P.O. Box 888 Palmer Lake, Co, 80133, U. S. A.
www.MessengerInternational.org

For free downloads of resources in other languages by John and Lisa Bevere:
www.CloudLibrary.org

This Korean translation edition © 2014 by Duranno Ministry, Seoul, Republic of Korea
This edition published by arrangement with Messenger International, Inc.
All rights reserved.

존 비비어의 성령님

지은이 | 존 & 애디슨 비비어
옮긴이 | 윤종석
초판 발행 | 2014. 1. 16.
11쇄 발행 | 2025. 2. 21.
등록번호 | 제1988-000080호
등록된 곳 | 서울특별시 용산구 서빙고로65길 38
발행처 | 사단법인 두란노서원
영업부 | 02) 2078-3333 FAX | 080-749-3705
출판부 | 02) 2078-3330

책값은 뒤표지에 있습니다.
ISBN 978-89-531-2001-3 03230

독자의 의견을 기다립니다.
tpress@duranno.com http://www.duranno.com

두란노서원은 바울 사도가 3차 전도 여행 때 에베소에서 성령 받은 제자들을 따로 세워 하나님의 말씀으로 양육
하던 장소입니다. 사도행전 19장 8-20절의 정신에 따라 첫째 목회자를 돕는 사역과 평신도를 훈련시키는 사역,
둘째 세계선교™와 문서선교^{단행본·잡지} 사역, 셋째 예수문화 및 경배와 찬양 사역, 그리고 가정·상담 사역 등을 감
당하고 있습니다. 1980년 12월 22일에 창립된 두란노서원은 주님 오실 때까지 이 사역들을 계속할 것입니다.

존 비비어의 성령님

존 & 애디슨 비비어 지음 | 윤종석 옮김

두란노

세상에 둘도 없는 친구, 성령님

아버지가 이 책의 집필을 도와달라고 했을 때 나는 선뜻 믿어지지 않았다. '아직 이 일로 기도해 보지 않으신 모양인데' 하는 생각이 들었다. 솔직히 나는 이런 일을 맡을 사람이 못 된다. 아버지의 부탁을 머릿속에 떠올리는 것만으로도 나는 마치 브레이크댄스 시합에 나가는 사람처럼 속이 울렁거렸다.

아버지에게 이 일로 한 1-2년쯤 진지하게 기도하며 다른 방법을 생각해 보라고 정중하게 말씀드렸다. 그런데 아버지는 딱 하루 기도해 보고는 이 일을 맡을 사람이 나라고 확신하셨다. 아버지가 중요하게 여기는 것이 하나 있는데, 그것은 성령이 젊은 세대에게 금기가 되어서는 안 된다는 점이다. 아울러 아버지는 20대 중반인 나의 의견을 중시하신다. 성령이 누구이며 어떻게 일하시는지 모른다면 많은 사람들이 이 주제를 피하고 싶어할 것이다.

그러니 아무리 자신이 없어도 어찌 아버지의 부탁을 거절할 수 있겠는가? 수락할 수밖에 없었다. 그 후에 벌어진 일은 삶을 바꾸어 놓은 여정이라고밖에 표현할 길이 없다. 우선 말씀이 새로운 관점에서 보였다. 하나님이 내 눈을 열어 많은 성령의 경이를 보게 하셨다. 알고 보니 성령은 교회에서 가장 잘못 이해되고 있는 인격이시다. 그분께 붙여진 명칭과 상투적인 문구는 수없이 많지만 그분의 실체를 제대로 아는 사람은 별로 없다.

이 책의 목적은 말씀의 여정을 통해 성령의 인격을 바르게 소개하는 것이다. 도전적인 내용도 있겠지만 장담컨대 당신의 시간과 에너지가 아깝지 않을 것이다. 또한 이 책의 각 장 소주제 뒤에 묵상을 덧붙였다. 소그룹으로 성령에 대해 가르치고 공부하기를 원하는 사람들을 위해 각 장 마지막에 토의 질문도 실었다. 묵상과 토의 질문은 성령님에 대해 공동체가 함께 배워 나가기에 유용할 것이다.

책을 읽는 동안 성령께 당신을 모든 진리 가운데로 인도해 달라고 기도하라. 그분이 특정한 교단이나 운동의 '전유물'이 아님을 알게 될 것이다. 성령은 특정한 세대나 시대에 국한될 수 없다. 성령께서 보냄을 받으신 것은 예수님에 대해 알려 주고 그리스도의 몸 전체에 능력을 주시기 위해서다. 성령은 우리의 마음을 집으로 삼으셨으며, 우리의 삶으로 선을 이루실 것을 약속하셨다. 우리는 그분께 통제권을 내어 드리기만 하면 된다.

성령보다 더 좋은 친구이자 동반자는 세상에 없다. 삶의 모든 고생과 기쁨 가운데 성령은 신실하게 당신과 함께하실 것이다. 그분은 결코 당신을 버리거나 떠나지 않겠다고 약속하셨다. 그만큼 당신을 사랑하시고 기뻐하시기 때문이다. 한없이 놀라우신 그분을 지금부터 함께 알아 가자!

이는 그로 말미암아 우리 둘이 한 성령 안에서 아버지께 나아감을 얻게 하려 하심이라(엡 2:18).

애디슨 비비어 메신저 인터내셔널 COO(실무 총책임자)

contents

그는 진리의 영이라 세상은 능히 그를 받지 못하나니 이는 그
를 보지도 못하고 알지도 못함이라 그러나 너희는 그를 아나니
그는 너희와 함께 거하심이요 또 너희 속에 계시겠음이라 내
가 너희를 고아와 같이 버려두지 아니하고 너희에게로 오리라
(요 14:17-18).

chapter 1

"너와 친해지고 싶단다"

성령님은 당신과 친해지길 갈망하신다

성령님의 속성을 알아야
친해질 수 있다

새해가 되기 바로 전날 밤이었다. 금식기도를 해야겠다는 마음이 들었다. 나는 주님께 "성경의 어떤 책을 읽을까요?" 하고 여쭈었다. 들려온 답은 뜻밖에도 '사도행전'이었다.

그것이 왜 뜻밖이었을까? 예전에 금식기도를 할 때도 똑같이 "사도행전을 읽으라"는 말씀을 들었기 때문이다. 그때 사도행전을 읽으며 강하게 다가온 것이 사도 바울의 삶에서 보이는 목적과 방향의 충돌이었다. 이 때문에 바울은 고생을 겪어야 했다. 설명하면 이렇다.

하나님이 바울을 택하신 것은 이방인에게 복음을 전하게 하기 위함이었다. 바울 자신도 "내가 이방인의 선포자와 사도와 교사로 세우심을 입었노라"(딤후 1:11, NKJV)고 말했다. 이것은 대상을 구체적으로 정해주신 지시였다. 바울은 이 명령을 평생 입버릇처럼 말했다. 첫 선교 여행 중에는 유대인들에게 "우리가 이방인에게로 향하노라 주께서 이같이 우리에게 명하시되 '내가 너를 이방의 빛으로 삼아⋯' 하셨느니라"(행 13:46-47)고 했다. 2차 선교 여행 때도 "이 후에는 (내가) 이방인에게로 가리라"(행 18:6)고 담대히 밝혔다. 또 로마서에는 "내가 이방인의 사도인 만큼"(롬 11:13)이라고 썼다. 바울 서신 전체에 이런 말들이 반복된다.

그런데 바울은 동족 유대인의 구원에 대한 열망과 애정 때문에 어느 도시를 가든 거의 매번 회당을 찾아갔다. 이방인에게 다가가기 전에 습관적으로 유대인에게 다가간 것이다. 사실 바울을 가장 박해하고 괴롭힌 것은 유대인들이었다. 그들은 대중을 선동했고 사도와 이방인 지도층 사이에 적대감을 조장했다. 바울이 당한 대부분의 폭동과 체포와 구타와 재판의 배후에는 유대인들의 간교한 이간질이 있었다. 물론 하나님은 유대인을 깊이 사랑하신다. 그래서 야고보와 베드로와 요한을 그들에게 보내셨다. "또 기둥같이 여기는 야고보와 게바와 요한도 내게 주신 은혜를 알므로 나와 바나바에게 친교의 악수를 하였으니 우리는 이방인에게로, 그들은 할례자에게로 가게 하려 함이라"(갈 2:9).

지난 금식 중에 나를 깨우친 메시지는 더할 나위 없이 명확했다. "아들아, 내가 너를 불러 걷게 한 은혜의 영역 안에 머물라. 네 본능적 애정이나 사랑 때문에 내가 네 인생에 맡긴 일에서 벗어나서는 안 된다." 그 음성이 기억에 생생했으므로 하나님이 내게 사도행전을 다시 읽게 하신 것은 뜻밖이었다. 성경에는 다른 책이 65권이나 더 있지 않은가!

오늘날 교회에서 볼 수 없는 모습

역시 순종하기를 잘했다. 이번 사도행전 여정을 통해 전혀 다른 부분이 강하게 다가왔기 때문이다. 하나님의 말씀이 참으로 살아 있다는 예증이기도 했다. 이번 사도행전 여정을 통해 튀어나온 것은 이런 것이다. 초대 교회의 지도자들과 교인들은 평소에 늘 성령을 바라보고, 성령과 소통하고, 성령께 의존하고, 성령을 언급했다. 성령은 그들의 삶에 없어서는 안 되는 부분이었고 그들이 하는 모든 일에 개입하셨다. 그들의 전도 사역, 팀 모임, 전략 회의에서 성령이 주도적 역할을 하셨다. 그분은 그들의 활동에 늘 동참하셨다. 두드러진 표현을 몇 가지 예로 들면 다음과 같다.

- "어찌하여 사탄이 네 마음에 가득하여 네가 성령을 속이고"(행 5:3)
- "너희가 어찌 함께 꾀하여 주의 영을 시험하려 하느냐"(행 5:9).
- "우리는 이 일에 증인이요… 성령도 그러하니라"(행 5:32).
- "너희도… 항상 성령을 거스르는도다"(행 7:51).
- "성령이 내게 명하사… 함께 가라 하시매"(행 11:12).
- "그중에… 한 사람이 일어나 성령으로 말하되 천하에 큰 흉년이
  들리라 하더니"(행 11:28).
- "두 사람이 성령의 보내심을 받아"(행 13:4).
- "성령과 우리는… 옳은 줄 알았노니"(행 15:28).
- "성령이 아시아에서 말씀을 전하지 못하게 하시거늘"(행 16:6).
- "바울이 하나님의 성령에 붙잡혀… 증언하니"(행 18:5, NKJV).
- "너희가 믿을 때에 성령을 받았느냐"(행 19:2).
- "바울이 성령으로 말미암아… 예루살렘에 가기로 작정하여"
  (행 19:21, NLT).
- "오직 성령이 각 성에서 내게 증언하여"(행 20:23).
- "여러분은 자기를 위하여 또는 온 양 떼를 위하여 삼가라 성령이

그들 가운데 여러분을 감독자로 삼고"(행 20:28).

이번 사도행전을 다시 읽으며 이런 말씀들이 책 속에서 자꾸 튀어나온 것이다. 그러면서 가슴 아프도록 명확해지는 사실이 하나 있었다. 그것은 바로 오늘날 교회에서는 이와 동일한 모습을 볼 수 없다는 사실이다. 사도행전의 신자들 사이에서는 흔하던 일이 지금은 희귀해 보인다. 다른 사람들의 삶 속에만 그렇다는 게 아니라 무엇보다 나 자신의 삶에서 그것이 매우 부족했다. 읽으면서 깨달았지만 그동안 나는 성령의 인도하심과 강력한 영향력, 성령과의 교제와 소통에서 멀어져 있었다. 그런 것들을 누리거나 구하거나 의지하지 않고 있었다. 그것을 분명히 깨달았으니 어찌 당신에게 나누지 않을 수 있겠는가?

성령이 없으면 하나님과의 교제도 없다

미리 몇 가지를 말해 두려 한다. 이 중요한 주제로 더 깊이 들어갈수록 이것들의 의미도 더 분명해질 것이다.

우선 성령이 없으면 사실상 그리스도인의 삶도 없다.
• 성령이 없으면 기독교는 무미건조하고 단조롭고 평범해진다.
• 성령이 없으면 우리의 수고는 고갈과 탈진을 면할 수 없다.
• 성령이 없으면 하나님과의 교제도 없다.

교회에 성령이 없으면 다음 둘 중 하나의 결과가 나타날 것이다.
• 교회는 친목 단체로 변할 것이다.

- 교회는 종교 제도가 될 것이다.

그밖에 사실도 있다.
- 성령이 없으면 계시도 없다. 사실 성령이 없으면 성경은 오히려 죽음을 초래한다. "율법 조문은 죽이는 것이요 영은 살리는 것"(고후 3:6)이라 했기 때문이다.
- 성령이 없으면 비전도 없다.
- 성령이 없으면 기쁨도 없다.
- 성령이 없으면 평안도 없다.
- 성령이 없으면 자유도 없다.

주는 영이시니 주의 영이 계신 곳에는 자유가 있느니라(고후 3:17).

"주의 영이 계신 곳에는"이라는 표현을 깊이 생각해 보자. 하나님의 영은 무소부재하시다. 즉 동시에 어디에나 계신다. 다윗은 "내가 주의 영을 떠나 어디로 가며 주의 앞에서 어디로 피하리이까"(시 139:7)라고 반문했다. 아무 데도 없다는 답을 그렇게 강조한 것이다. 이어서 다윗은 "내가 하늘에 올라갈지라도 거기 계시며 스올에 내 자리를 펼지라도 거기 계시니이다 내가 새벽 날개를 치며 바다 끝에 가서 거주할지라도 거기서도 주의 손이 나를 인도하시며 주의 오른손이 나를 붙드시리이다"(시 139:8-10)라고 고백했다. 그러니 더할 나위 없이 분명하다. 그분은 동시에 어디에나 계신다.

그렇다면 우리가 던져야 할 질문이 있다. "자유도 어디에나 있는가?" 바울의 말을 다시 보라. "주의 영이 계신 곳에는 자유가 있느니라." 방금 우리가 증명했듯이 그분은 어디에나 계신다. 그렇다면 자유도 어디에나 있다는 말인가? 답은 절대로 그렇지 않다이다. 사창가와 술집과 감옥과 병원에는 자유가 없다. 나는 자유가 없는 동네와 학교와 가정을 보았다. 심지어 자유가 없는 교회도 있다. 그렇다면 성경이 여기서 선포하는 말은 무엇인가? 내가 보기에 더 정확한 번역은 다음과 같다.

성령이 주이신 곳에는 자유가 있느니라(고후 3:17, 저자의 주해).

'주'라는 단어는 헬라어로 '퀴리오스'(kyrios)다. 이 말은 '최고의 권위'로 풀이된다.[1] 대부분의 술집이나 감옥이나 병원이나 가정은 물론 심지어 많은 교회도 성령께 최고 권위의 자리를 내어 드리지 않는다. 그렇지만 그분을 최고의 권위로 환영하는 곳에는 모두를 위한 자유와 정의가 있다.

친해지려면 시간이 걸린다

이 책의 목적은 성령의 인격을 소개하는 데 있다. 성령에 대한 책을 쓰자면 한이 없을 것이다. 성령에 대해 말하자면 몇 날, 몇 달, 몇 년을 해도 모자랄 것이다.

나는 아내 리자와 결혼한 지 30년이 넘었다. 아내를 잘 알지만 아내의 성격, 관심사, 갈망, 버릇 등에서 여태 몰랐던 부분을 지금도 발견하고 있다. 최근에 우리는 결혼 30주년을 맞아 며칠간 둘이서 함께 지냈다. 그 시간 동안 나는 아내의 꿈과 취향은 물론 재능까지도 지금껏 몰랐던 부분을 새로 배웠다.

재능과 관련하여 나는 리자의 타고난 골프 솜씨를 이제야 알았다. 골프를 즐기는 나를 위해 아내는 아름다운 골프장의 후반 아홉 홀을 자진해서 동행해 줬다. 17번 홀에는 중간에 넓게 바다가 끼어 있었다. 평소에 아내가 신나는 도전을 좋아하는지라 나는 아내에게 공을 물 저쪽으로 넘겨 보겠느냐고 물었다. 60m 깊이의 바다를 넘기려면 140m 가까운 장타를 날려야 했다. 타구가 짧으면 공이 물속으로 빠지기 때문이다. 나는 리자에게 낡은 공을 하나 골라 주었다. 다시는 그 공을 볼 수 없을 거라 생각했기 때문이다. 티박스(tee box)에 선 아내는 자그마치 160m가 넘는 장타로 공을 사뿐히 반대편 잔디에 올려놓았다. 결혼한 지 30년이 지나서야 아내의 재능을 새로 발견한 순간이었다.

그 며칠 동안 리자는 저녁식사 때마다 여태 내게 말하지 않던 지식과 지혜와 관심사와 동경을 들려주었다. 한마디로 내 아내는 놀랍고 감탄스러운 여인이었다.

리자에 대한 지식을 겨우 몇 장에 다 나눌 수는 없을 것이다. 책 몇 권으로도 불가능할 것이다. 하지만 내 아내와 직접 대화하도록 아내의 연락처를 가르쳐 줄 수는 있다. 내 아내가 즐기는 일, 아내의 관심사, 아내와 함께 일하며 소통하는 법, 아내의 강점과 약점, 아내가 좋아하는 것과 싫어하는 것을 말해 줄 수는 있다. 내가 알려 준 이런 정보가 틀림없이 당신이 내 아내와 아름다운 관계를 맺도록 해줄 것이다.

리자는 이제 수십 년을 살았을 뿐이다. 수십 년을 산 리자에 대해 다 말하는 것도 불가능한데 영원부터 영원까지 계시는 성령에 대해서라면 더할 나위가 있겠는가? 나로서는 생각할 수도 없는 일이다! 하지만 그분이 누구이신지는 소개할 수 있다. 그분의 성품과 관심사, 그분이 사랑하시는 것을 말할 수는 있다. 그분과 우리의 관계를 설명할 수 있고, 그분과 교제하고 소통하는 몇 가지 방법을 알려 줄 수 있다. 성령과의 관계가 왜 그렇게 중요하며, 그분이 어떻게 능력을 주셔서 우리 삶을 향한 하나님의 뜻을 이루게 하시는지도 말할 수 있다. 당신은 나의 통찰에 힘입어 그분과 더 깊고 의미 있는 관계로 들어갈 수 있으리라고 믿는다.

성령님의 속성을 알아야 친해질 수 있다

내가 아버지께 구하겠으니 그가 또 다른 보혜사(힘과 위로와 도움을 주
시는 분, 상담자, 중보자, 대언자, 지원자)를 너희에게 주사 영원토록 너희
와 함께 있게 하리니 그는 진리의 영이라(요 14:16-17).

성령은 정말 놀라우신 분이다! 그리스도를 통한 구원 다음으로 우리
가 평생에 받을 가장 귀한 선물은 성령이시다. 성령은 누구이신가? 평생
목회자로 살며 많은 책을 쓴 토저(A. W. Tozer)는 이렇게 말했다.

"성령은 뜨거운 감정이 아니라 인격이시다. …그 점을 늘 명심해야 한
다. 성령은 존재 방식이 다른 정도가 아니라 그 자체로 인격의 모든 속
성과 능력을 갖춘 하나의 인격체이시다. 그분은 물체가 아니라 실체이
시다. …모든 인격체와 마찬가지로 성령도 의지와 지성과 감정과 지식
과 공감이 있으시며, 사랑하고 사고하고 보고 듣고 말하고 갈망하는 능
력이 있으시다."[2]

- 당신은 성령을 어떤 분으로 알고 있는가? 앞의 내용을 통해 당신의 이해가 어떻게 넓어졌는가? 그분은 개인적으로 당신에게 어떤 분이신가?

- 성령을 가리켜 성경에서 사용된 명칭들을 잘 묵상해 보라(34-35쪽 참조). 이런 명칭들은 성령에 대해 무엇을 보여 주는가?

성령은 성부와 성자와 대등한 인격이시다. 하나님과의 관계를 건강하게 가꾸려면 반드시 그것을 알아야 한다. 토저는 계속해서 이렇게 말했다.

"성자가 어떠하면 성령도 그러하시고 성부가 어떠하면 성령도 그러하시다. 성령은 그분의 교회 안에 계신다. 성령은 무엇과 같은가? 예수님과 같다. 당신은 신약을 읽어 예수님이 어떤 분인지 알고 있다. 성령도 예수님과 똑같다. 예수님도 하나님이시고 성령도 하나님이시기 때문이다. 성부도 성자와 똑같다. 아버지를 알면 예수님을 알 수 있고 예수님을 알면 성령을 알 수 있다."[3]

성령님은 물건이 아니라
인격이시다

많은 사람들이 흔히 저지르는 잘못이 있다. 성령을 먼저 인격으로 알기 전에 그분의 역사(役事)와 능력부터 알려고 한다는 것이다.

우리가 과연 성령을 인격체이신 신으로 믿고 있는지 자신의 마음과 생각을 확인하는 것이 필요하다. 그분은 무한히 거룩하고 무한히 지혜롭고 무한히 능하신 분이다. 그러면서도 놀랍도록 자상하고 민감하고 긍휼이 풍성하신 분이다. 그렇다면 우리가 믿는 성령은 과연 우리의 경외와 애정과 믿음과 사랑과 헌신과 온전한 복종을 받기에 합당하신 인격인가? 아니면 그냥 하나님에게서 나오는 어떤 힘이나 영향력인가? 성령이 뭔가 신비롭고 신령한 힘이라면, 흔히 우리가 '너그러운 인심'이나 '경쟁심'을 말할 때 떠올리는 것과 다를 바 없다.

후자의 입장은 얄팍하고 조잡하며 심지어 이단적이다. 성령을 그런 식으로 믿으면 영적 교만에 빠지기 쉽다. 그 결과 우리는 마치 고차원의 기독교에 속한 양 거들먹거리게 될 것이다.

그러나 성령을 위엄과 영광과 아름다움과 지혜와 지식과 거룩함이 무한하신 인격으로 믿는다면 우리는 경외심으로 그분께 엎드리게 될 것이다. 성령을 성부와 성자와 똑같이 우리 삶의 주인이시며 그 삶으로 선을 이루시는 인격으로 믿는다면 말이다.

하나님의 영을 어떤 영향력이나 막강한 힘으로 보는 사람은 늘 "나는 성령을 더 원한다"고 말할 것이다. 반면에 성령을 놀라운 인격으로 보는 사람들은 이렇게 말할 것이다. "어떻게 하면 그분께 나를 더 드릴 수 있을까?"

우리가 막연히 알고 있는 성령

많은 사람들이 성령을 인격이 아니라 그냥 영향력으로 생각하는 이유 중 하나는 평소에 우리가 그분을 부르는 방식에 있다. 성령을 대명사 '그것'(it)으로 부르는 사람을 당신도 보았을 것이다. 나도 지난 30년간 사역하면서 그런 말을 많이 들었다. 만일 그때마다 1달러씩만 받았다면 지금 큰 부자가 되었을 것이다. 안타깝게도 우리 중에는 성령을 인격으로 높이지 않기 때문에 그분의 충만한 임재를 놓치는 사람들이 너무 많다. 성령은 자신이 존중받지 않는 곳에서는 자신을 나타내지 않으신다(마 13:54-58; 시 89:7 참조).

분명히 말하지만 성령을 '인격'이라 부른다 해서 그분이 인간이라는 말은 아니다. 다만 그분께도 인격의 모든 속성이 있다는 말이다. 성령은 인간이 아니라 신이시다. 인간이 하나님의 형상대로 지음 받았음을 잊어서는 안 된다. 따라서 그분이 우리와 같으신 게 아니라 우리가 그분을 닮았다.

교회로서 우리는 성령을 지극히 거룩하신 분이 아니라 그냥 '거룩한 존재' 정도로 보아 왔다. 그분의 갈망은 우리의 가장 친한 친구가 되시는 것인데 우리는 우리 삶에 대한 그분의 개입을 제한했다. 서글픈 사실은 우리가 세상에서 가장 충만한 관계를 부지중에 거부해 왔다는 것이다.

성경에서 성령이 인격이심을 완벽하게 보여 주는 구절을 몇 군데만 살펴보자.

- 성령은 생각이 있다(롬 8:27 참조).
- 성령은 뜻(의지)이 있다(고전 12:11 참조).
- 성령은 사랑과 기쁨 같은 감정이 있다(롬 15:30; 갈 5:22 참조).
- 성령은 위로하신다(행 9:31 참조).
- 성령은 말씀하신다(히 3:7 참조). 사실 성령은 밝히 말씀하신다 (딤전 4:1).
- 성령은 가르치신다(고전 2:13 참조).
- 우리는 성령을 근심시킬 수 있다(엡 4:30 참조).
- 우리는 성령을 욕되게 할 수 있다(히 10:29 참조).
- 우리는 성령을 거스를 수 있다(행 7:51 참조).
- 우리는 성령을 속일 수 있다(행 5:1-11 참조).

이처럼 성령의 속성이 성경에 확실히 나와 있다. 따라서 우리는 이렇게 물어야 한다. 왜 성령은 잘못 이해되고 있는가?

성령은 비둘기가 아니다

많은 사람들이 성령을 생각할 때 즉각 연상하는 것이 비둘기다. 왜 비둘기가 가장 먼저 연상될까? 성령이 비둘기로 나타나신 적이 있는가? 절대로 없다. 사복음서에 나타나듯이 하나님의 영은 비둘기같이 예수님 위에 임하셨다(마 3:16; 막 1:10; 눅 3:22; 요 1:32 참조). 하지만 우리는 "그 사람은 바람같이 달린다"든지 "그 사람은 황소같이 강하다"라는 말을 종종 쓰지 않는가? 내가 만일 내 아들이 황소같이 강하다고 말한다면 그는 네 발 달린 동물이 되는가? 말도 안 된다! 마찬가지로 성령이 비둘기같이 임하셨다는 말도 그분이 비둘기라는 뜻이 아니다.

어떤 사람은 이렇게 말할 수 있다. "하지만 성령은 하나님의 보좌 앞에 켠 등불로 표현되어 있다"(계 4:5 참조). 맞는 말이다. 하지만 성경에는 "내가 또 보니 보좌와 네 생물과 장로들 사이에 한 어린 양이 서 있는데"(계 5:6)라는 표현도 나온다. 요한은 예수님을 "한 어린 양"이라고 묘사했다. 하지만 알다시피 예수님은 결코 네 발 달린 동물이 아니다. 마찬가지로 성령도 하나님의 보좌 앞에 타오르는 신비로운 불이 아니다.

그렇다면 성령은 누구인가?

성경에 아주 분명히 나와 있듯이 성령은 삼위일체 하나님의 제3위 인격이시다. 창세기 1장 26절에 보면 "하나님이 이르시되 우리의 형상을 따라 우리의 모양대로 우리가 사람을 만들고"라고 되어 있다. 보다시피 하나님은 "내가 사람을 만들고"라고 하지 않으셨다. 창조의 드라마에는 구별된 세 개의 배역을 맡으실 구별된 세 분의 배우가 필요했다. 하나님은 자신을 성부 성자 성령이라 지칭하셨다.

사도행전 10장 38절에서 성부 성자 성령의 구별된 정체를 볼 수 있다.

> 하나님이 나사렛 예수에게 성령과 능력을 기름 붓듯 하셨으매 그가 두루 다니시며 선한 일을 행하시고 마귀에게 눌린 모든 사람을 고치셨으니 이는 하나님이 함께하셨음이라(행 10:38).

이 구절을 보면 성부께서 예수에게 성령으로 기름을 부으셨다. 세 분의 구별된 인격이 공동의 목적을 위해 협력하신 것이다. 다른 예를 보자.

> 예수께서 세례를 받으시고 곧 물에서 올라오실새 하늘이 열리고 하나님의 성령이 비둘기같이 내려 자기 위에 임하심을 보시더니 하늘로부터 소리가 있어 말씀하시되 "이는 내 사랑하는 아들이요 내 기뻐하는 자라" 하시니라(마 3:16-17).

예수님이 세례를 받으신 이 기사에도 역시 삼위일체 하나님이 세 분의 구별된 인격으로 등장하신다. 우선 예수님이 요한에게 세례를 받으셨고, 그러자 하나님의 성령이 그분 위에 임하셨고, 끝으로 성부 하나님이 하늘에서 "이는 내 사랑하는 아들이요 내 기뻐하는 자라"고 선포하셨다. 역시 세 분이 동일한 목적을 위해 협력하셨다.

하나님은 하나이며 목적도 서로 같지만, 세 분의 인격으로 계셔서 각자의 독특한 역할을 수행하신다. 세 분의 인격으로 계셔도 하나님은 유일하신 분이다. 신명기 6장 4절에 보면 "이스라엘아 들으라 우리 하나님 여호와는 오직 유일한 여호와이시니"라고 했다. 로마서 3장 30절에도 "의롭다 하실 하나님은 한 분이시니라"고 했고, 야고보서 2장 19절에도

"네가 하나님은 한 분이신 줄을 믿느냐 잘하는도다" 했다. 하나님은 세 분의 구별된 인격으로 존재하시지만 유일하신 분이다. 이 진리가 이 책 전체의 주춧돌이다.

성령님은 물건이 아니라 인격이시다

주와 성령은 동일하시니(고후 3:17, CEV).

당신은 하나님의 자녀로서 그분이 약속하신 귀한 선물을 받았다. 그 선물은 바로 성령이시다(갈 4:6 참조). 성령은 단지 은하계에서 운행되는 신비로운 힘이나 능력이 아니라 인격이시다. 조금도 억제되지 않는 충만한 존재이시다. 앤드류 머레이(Andrew Murray)는 성령이 "성부와 성자와 하나"이시며 하나님의 영광을 "충만하고 온전하게 나타내신다"고 말했다. 그의 말은 이렇게 이어진다.

"성령을 통해 하나님의 모든 약속이 성취되고 그리스도 안의 모든 은혜와 구원이 개인의 소유와 경험이 된다."[4]

말 그대로 성령을 통해 하나님의 모든 약속이 성취되어 개인의 소유와 경험이 된다. 이것은 단지 한 사람의 의견이 아니라 성경의 진리다. 다음 본문들을 잘 읽고 묵상해 보라. 괄호 안의 말은 뜻을 명확하게 하려고 첨가한 것이다.

찬송하리로다 하나님 곧 우리 주 예수 그리스도의 아버지께서 그리스도 안에서 하늘에 속한 모든 신령한 복을 [성령을 통해] 우리에게 주시되(엡 1:3).

우리는 하나님을 기쁘시게 해드리는 삶에 어울리는 모든 것을 기적적으로 받았습니다. 그것은 우리를 하나님[성령]께로 초청해 주신 분을 우리가 직접 친밀하게 알았기 때문입니다. 그분의 초청은, 이제껏 우리가 받은 초청 가운데 최고의 초청입니다(벧후 1:3, 메시지).

- 이 구절들을 통해 성령께서 당신에게 계시하시는 내용은 무엇인가? 혹시 당신은 성령의 정체를 잘못 이해함으로써 당신의 삶 속에서 그분의 임재와 능력을 제한하고 있지는 않은가? 잠시 멈추어 기도하라. 성령께서 당신의 관점을 바꾸어 주셔야 할 부분이 있다면 그것이 무엇인지 보여 달라고 기도하라. 그분이 보여 주시는 내용을 기록하라.

생명의 성령님은
내적 힘을 주신다

창세기 1장은 이렇게 시작한다. "태초에 하나님이 천지를 창조하시니라"(1절). 이어 2절을 보라. "땅이 혼돈하고 공허하며 흑암이 깊음 위에 있고 하나님의 영은 수면 위에 운행하시니라." 바로 창세기 1장 2절에서 성령이 등장하신다. 삼위일체 하나님 중 맨 먼저 이름으로 나오는 분이 성령이시다.

이런 질문이 나올 수 있다. "하지만 1절에 '태초에 하나님이 천지를 창조하시니라'고 했다. 1절에 성부 하나님이 언급되었는데 어떻게 삼위일체 중 성령이 성경에 제일 먼저 언급되었다고 할 수 있는가?" 좋은 질문이다. 하지만 잊지 말아야 할 게 있다. 하나님은 "우리의 모양대로 우리가 사람을 만들고"라고 하셨다. 1절에 나오는 하나님은 특정한 한 인격이 아니라 삼위일체 하나님을 일컫는다. 그러므로 삼위일체 중 실제로 맨 먼저 역할이 밝혀지신 분은 성령이시다. 창세기 1장 2절에서 "하나님의 영(성령)은 수면 위에 운행하시니라"고 성령의 이름을 언급하고 있는 것이다.

여기서 본래의 질문으로 돌아가자. 성령은 누구이신가? 나는 성령이 지상에서 가장 놀랍고 친절하고 자상하고 민감하고 능하신 인격이라고 밝힐 수 있다. 이런 반문이 가능하다. "지상이라고 했는가?" 그렇다. 지상에서 그렇다. 우리가 알아야 할 것이 있다. 성부 하나님은 지상에 계시지 않고 하늘 보좌에 계신다. 마찬가지로 예수님도 여기 지상에 계시지 않는다. 사람들은 늘 "예수님은 내 마음속에 계신다"고 말한다. 하지만 성경에 아주 분명히 나와 있듯이 그분은 하나님 오른편에 앉아 계신다(막 16:19 참조). 사도행전 1장 9-11절에 이런 말씀이 있다.

그들이 보는데 올려져 가시니 구름이 그를 가리어 보이지 않게 하더라… 제자들이 자세히 하늘을 쳐다보고 있는데 흰 옷 입은 두 사람이 그들 곁에 서서 이르되 "갈릴리 사람들아 어찌하여 서서 하늘을 쳐다보느냐 너희 가운데서 하늘로 올려지신 이 예수는 하늘로 가심을 본 그대로 오시리라" 하였느니라.

흰 옷 입은 두 사람은 사실 천사였다. 그들이 제자들에게 밝혔듯이 예수님은 떠나실 때와 똑같은 방법으로 다시 오실 것이다. 다시 말해서 그분은 구름을 타고 오실 때까지는 이 땅에 계시지 않는다. 예수님이 이미 구름을 타고 오셨는가? 물론 아니다. 이는 그분이 아직 하늘에서 아버지 오른편에 계시다는 뜻이다.

스데반이 돌에 맞아 죽던 때를 생각해 보라. 사도행전 7장 55-56절에 보면 이렇게 되어 있다.

스데반이 성령 충만하여 하늘을 우러러 주목하여 하나님의 영광과 및 예수께서 하나님 우편에 서신 것을 보고 말하되 "보라 하늘이 열리고 인자가 하나님 우편에 서신 것을 보노라" 한대.

이 순간이 대대로 전해질 것을 내다보며 무한한 영광 중에 자신의 순교자를 맞이하시는 예수님을 상상해 보라. 이것은 한 영광스러운 만남을 아름답게 그려 내고 있지만, 한편으로 예수님이 지금 아버지 옆에 계시다는 사실을 알려 주고 있다.

사실 예수님은 거의 2천 년 동안 그 영광의 자리에 계셨다. 그분은 여기 지상에 계시지 않는다. 물론 우리는 예수님이 우리 마음속에 계신다고 말하기를 좋아한다. 하지만 실제로 우리 마음속에 거하시는 분은 예수 그리스도의 영이신 성령이다.

한 가지 알아야 할 중요한 것이 있다. 성령은 성부 하나님의 영으로도 불리고 예수 그리스도(성자 하나님)의 영으로도 불린다. 그 예를 몇 가지 살펴보자.

빌립보서 1장 19절에서 바울은 "이것이 너희의 간구와 예수 그리스도의 성령의 도우심으로 나를 구원에 이르게 할 줄 아는 고로"라고 말했다. 일찍이 예수님은 자신이 떠나셔야 성령께서 오실 수 있다고 명백히 밝히셨다. 지금 바울도 성육신하신 예수님이 아니라 보혜사 성령을 분명히 지칭하고 있다.

마태복음 10장 20절에서 예수님은 "말하는 이는 너희가 아니라 너희 속에서 말씀하시는 이 곧 너희 아버지의 성령이시니라"고 선포하셨다. 예수님이 말씀하신 때가 이르면 제자들은 복음 때문에 박해와 재판을 받을 것이다. 그때 아버지의 성령께서 그들을 인도하시고 적절한 말을 입에 넣어 주실 것이다.

지금 내가 쓰고 있는 글도 내 지식이나 경험의 산물이 아니다. 나의 아버지의 성령께서 나를 통해 가르치고 계신다. 그동안 내 힘으로 가르치려고도 해 보았지만 그때마다 결과는 처참한 실패였을 뿐이다. 내가 나 된 것은 성령의 능력과 은혜 덕분이다. 다행히 성령께서는 내가 어려움에 처했을 때 그냥 버려두신 적이 한 번도 없다. 내가 은혜의 성령(히 10:29 참조)께 겸손히 복종하면 그분은 신실하게 나의 약점을 강점으로 바꾸어 주신다.

세 분 하나님은 어떻게 일하시는가?

'세 분이 하나'라는 이 개념은 매우 이해하기 어려울 수 있다. 인간의 이해를 벗어나기 때문이다. 세 분 하나님이 어떻게 한 분으로 협력하시는지 고린도전서 12장 5-7절에서 그 통찰을 얻을 수 있다.

> 직분은 여러 가지나 주는 같으며 또 사역은 여러 가지나 모든 것을 모든 사람 가운데서 이루시는 하나님은 같으니 각 사람에게 성령을 나타내심은 유익하게 하려 하심이라.

이 말씀을 보면 성부 성자 성령의 역할이 모두 다름을 알 수 있다. 성부는 이루시는, 즉 주도하시는 분이고(고전 12:6), 성자는 직분을 행하시는 분이며(5절), 성령은 나타내시는 분이다(7절). 하지만 세 분 다 같은 목적을 위해 협력하신다.

당신과 내가 집을 지으려면 어떻게 해야 할까? 설계사와 감독과 실제로 집을 지을 인부(하청업자)들을 고용해야 할 것이다. 이 예화에서 성부 하나님은 설계사, 예수님은 감독, 성령은 집을 짓는 인부들에 해당한다. 성령은 창조 세계를 '나타내시는 분'이다. 집을 지으려면 이 세 역할이 반드시 필요하다.

성경에서 같은 사건에 대한 서로 다른 두 기사를 살펴보자. 예수님이 귀신 들린 사람을 고쳐 주신 직후였다. 사람들은 놀랐지만 바리새인들은 이렇게 생각했다. "이 사람은 마귀 자신을 힘입어 귀신을 쫓아내고 있다"(마 12:23-24 참조). 그들의 생각에 대한 예수님의 반응이 28절에 나온다. "그러나 내가 하나님의 성령을 힘입어 귀신을 쫓아내는 것이면 하나님의 나라가 이미 너희에게 임하였느니라."

이 선언을 누가도 기록했는데 그의 기사는 마태와 약간 다르다. 누가복음 11장 20절에 보면 "그러나 내가 만일 하나님의 손가락을 힘입어 귀신을 쫓아낸다면 하나님의 나라가 이미 너희에게 임하였느니라"(개역개정 난하주-역주)고 했다. 누가와 마태는 둘 다 성령을 가리키고 있다. 작가들이 종종 그렇듯이 누가는 여기서 성령의 인격보다 그분의 역할을 부각시키고 있다. 그러므로 성령을 "하나님의 손가락"으로 기술할 수 있다는 추론이 가능하다.

성령의 역할은 하나님의 손가락뿐만 아니라 하나님의 손이나 하나님의 팔로도 표현된다. 성경에 보면 하나님은 "강한 손과 펴신 팔로" 자기 백성을 구원하셨다(시 136:12). 시편 8편 3절에는 "주의 손가락으로 만드신 주의 하늘과 주께서 베풀어 두신 달과 별들을 내가 보오니"라고 선포되어 있다. 대부분의 신자들이 모르고 있지만 하늘에 별들과 행성들을 실제로 다신 분은 성령이시다. 성령은 창조 세계 전체를 나타내신 분이다. 앞서 보았듯이 창세기 1장 2절에서 "하나님의 영은 수면 위에 운행하시니라"고 했다. 성령은 성부께서 주도하시기를 기다리고 계셨다. 또한 성자께서 직분을 행하여 "빛이 있으라"고 명하셔야 했다. 예수님은 하나님의 말씀이기 때문이다. 성자께서 아버지의 뜻을 행하여 "빛이 있으라"고 명하셨고 그러자 성령께서 그 말씀대로 창조하셨다.

성령의 광대하심과 영광에 대해 내가 제일 좋아하는 성경 본문 중 하나는 이사야 40장 12-15절이다.

> 누가 손바닥으로 바닷물을 헤아렸으며 뼘으로 하늘을 쟀으며 땅의 티끌을 되에 담아 보았으며 접시저울로 산들을, 막대 저울로 언덕들을 달아 보았으랴 누가 여호와의 영을 지도하였으며 그의 모사가 되어 그를 가르쳤으랴 그가 누구와 더불어 의논하셨으며 누가 그를 교훈하였으며 그에게 정의의 길로 가르쳤으며 지식을 가르쳤으며 통달의 도를 보여 주었느냐 보라 그에게는 열방이 통의 한 방울 물과 같고 저울의 작은 티끌 같으며 섬들은 떠오르는 먼지 같으리니.

12절에 "누가… 뼘으로 하늘을 쟀으며"라는 말이 있다. 여기서도 성령은 그분의 역할로 표현되고 있다. 생각해 보라. 주의 영은 바닷물을 헤아리셨다. 그분이 얼마나 능하신 분인지 보이는가? 그런데도 그분은 성부와 성자의 뜻대로 겸손히 우리 안에 오셔서 거하신다. 얼마나 놀랍고 황송한 일인가!

성령 안에는 어떠한 죽음도 없다

인간이 창조될 때 성령께서 하신 역할을 보자. 성경에 "여호와 하나님이 땅의 흙으로 사람을 지으시고 생기를 그 코에 불어넣으시니 사람이 생령이 되니라"(창 2:7)고 했다. 실제로 아담을 지으시고 그 코에 생명을 불어넣으신 분은 성령이시다. 그것이 사실인지 어떻게 아는가? 욥기 33 장 4절에 나와 있다. "하나님의 영이 나를 지으셨고 전능자의 기운이 나를 살리시느니라." 성령은 아담만 아니라 당신과 나도 지으시고 코에 생기를 불어넣으셨다. 시편 139편 13절에서 "주께서 내 내장을 지으시며 나의 모태에서 나를 만드셨나이다"라고 했다. 사실 하나님의 영은 만물을 지으셨다. 그래서 잠언 26장 10절에는 "만물을 지으신 크신 하나님이…"(NKJV)라고 했다. 만물이 우리 앞에 나타난 것은 성부께서 뜻하신 창조를 성령께서 수행하셨기 때문이다.

> 이는 그리스도 예수 안에 있는 생명의 성령의 법이 죄와 사망의 법에서 너를 해방하였음이라(롬 8:2).

성령은 생명의 성령이시다! 생명은 모든 것이다. 건강, 성장, 새 힘, 에너지, 활력, 원기의 모든 면을 포괄한다. 생명의 성령 안에는 아픔이나 질병, 탈진이나 피로, 고갈이나 쇠퇴가 없다. 어떠한 죽음도 없다.

성령께서 하나님이시라는 사실이 당신에게도 분명히 보였으면 좋겠다. 성경에 나오는 성령의 다른 이름들을 몇 가지 살펴보자. 성령은 다음과 같이 불리신다.

- 성령(거룩한 영, 96번)
- 주의 영(28번)
- 하나님의 영(26번)

- 영원하신 성령(히 9:14)

- 보혜사(도우시는 분이라는 뜻으로 예수께서 요한복음에 4번 사용하셨다)

- 위로하시는 분(확장역 성경의 전반적 표현)

- 거룩하신 이(시 78:41)

- 주(고후 3:17)

- 진리의 영(4번)

- 그리스도의 영(롬 8:9; 벧전 1:11)

- 예수 그리스도의 영(성령)(빌 1:19)

- 지혜의 영, 총명의 영, 모략의 영, 재능의 영, 지식의 영, 여호와를 경외하는 영(사 11:2)

- 너희 아버지의 성령(마 10:20)

- 영광의 영(벧전 4:14)

- 은혜의 성령(슥 12:10; 히 10:29)

- 심판하는 영, 소멸하는 영(사 4:4)

- 생명의 성령(롬 8:2)

- 능력의 영, 사랑의 영, 절제하는 영(딤후 1:7)

- 예언의 영(계 19:10)

- 계시의 영(엡 1:17)

- 성결의 영(롬 1:4)

- 거룩한 신(들)의 영(다니엘서에 4번)

성령은 존귀하고 능하고 엄위하신 분이다!

생명의 성령님은 내적 힘을 주신다

생명의 성령은 창조 때에도 계셔서 이 땅의 모든 부분에 생명을 불어넣으셨다. 해외 선교사이자 전도자인 레스터 섬롤(Lester Sumrall)도 이를 이렇게 확증했다.

> "성경에 성령의 활동이 처음 기록된 곳은 창세기 1장 2절이다. …그것은 혼돈에서 질서와 아름다움과 멋을 이끌어 내시는 행위였다. 땅은 혼돈하고 공허했다. 하나님이 개입하여 걸작을 창조하실 때 성령께서 운행하여 그분을 도우셨다. 성령이 수면 위에 운행하시자 혼돈에서 질서가 나왔다."[5]

• 당신의 삶에 공허가 느껴지거나 혼돈이 보이는 부분은 어디인가? 성령께서 아름다움과 질서와 자유를 가져다주셔야 할 부분은 어디인가? 그것을 보여 달라고 그분께 기도하고 맡기라. 창조 때에 하신 것처럼 질서를 이루어 주시도록 기도하라.

---

* 빌립보서 4:6-8과 베드로전서 5:7, 시편 37:4-6을 확인해 보라.

- 당신은 분주한 일상에 지쳐 있는가? 생명의 성령께서 당신을 강건하게 해주기를 원하신다. 그분과 함께 시간을 보내며 그분을 알아 가노라면 그분이 당신에게 새 힘을 주실 것이다. 잠시 시간을 내어 다음과 같은 하나님의 강력한 약속들을 묵상해 보라.

> 너는 알지 못하였느냐 듣지 못하였느냐 영원하신 하나님 여호와, 땅끝까지 창조하신 이는 피곤하지 않으시며 곤비하지 않으시며 명철이 한이 없으시며 피곤한 자에게는 능력을 주시며 무능한 자에게는 힘을 더하시나니(사 40:28-29).

> 나에게 내적 힘을 불어넣어 주시는 분을 통해 나는 모든 일에 준비되어 있고 모든 일을 감당할 수 있다(빌 4:13, AMP).

- 이 구절들을 통해 성령께서 당신에게 하시는 말씀은 무엇인가? 당신에게 내적 힘을 불어넣어 주셔서 예수님이 이 땅에 살아 계셨을 때처럼 당신도 온전히 살게 해달라고 생명의 성령께 기도하라. 그 기도를 글로 써 보라.

예수님처럼 성령님께
의존해야 한다

예수님은 성령께 온전히 의존하셨다. 그분은 성령으로 잉태되셨고 성령께 배우셨다. 요단 강에서 성령의 능력을 받으셨고, 성령으로 세례를 받기 전까지는 아무런 기적도 행하시지 않았다(갈릴리 가나에서 행하신 예수님의 첫 기적에 대한 요한의 기사를 참조하라. 요 1:29-34, 2:1-11). 그분은 성령의 인도를 받으셨고 성령께 들으신 것만 말씀하셨다.

요한복음 14장 10절에서 예수님은 "내가 너희에게 이르는 말은 스스로 하는 것이 아니라 아버지께서 내 안에 계셔서 그의 일을 하시는 것이라"고 말씀하셨다. 보다시피 예수님은 "아버지께서 천국에 계셔서"라고 하지 않으시고 "아버지께서 내 안에 계셔서"라고 하셨다.

그 말은 지금 예수님이 성령을 아버지로 부르신다는 뜻인가? 그렇지 않을 이유가 무엇인가? 천사가 요셉에게 했던 말을 들어 보라. "네 아내 마리아 데려오기를 무서워하지 말라 그에게 잉태된 자는 성령으로 된 것이라"(마 1:20). 예수님은 성령으로 잉태되셨다. 그러니 그분이 성령을 일러 "아버지께서 내 안에 계셔서"라고 하심은 당연한 일이다.

사실 예수님은 지상에 사시는 동안 늘 성령과 함께 일하셨다. 그분은 이런 말씀까지 하셨다. "아들이… 아무것도 스스로 할 수 없나니"(요 5:19). 하나님의 아들이신 예수님이 사명을 완수하기 위해 성령과 지속적으로 동역하셔야 했다면 우리가 사명을 완수하기 위해 성령의 도우심이 절대적으로 필요하다는 것은 더 말해야 무엇 하겠는가?

순종하는 사람에게 성령을 주신다

예수님보다 성령을 더 잘 아는 분은 없다. 그러므로 우리의 삶 속에 나타나는 성령의 역할, 성품, 속성, 권능, 그밖의 능력을 알려면 예수님이 하신 말씀을 살펴볼 필요가 있다. 요한복음 14장 15-18절에서 예수님은 이렇게 선언하신다.

> 너희가 나를 사랑하면 나의 계명을 지키리라 내가 아버지께 구하겠으니 그가 또 다른 보혜사를 너희에게 주사 영원토록 너희와 함께 있게 하리니 그는 진리의 영이라 세상은 능히 그를 받지 못하나니 이는 그를 보지도 못하고 알지도 못함이라 그러나 너희는 그를 아나니 그는 너희와 함께 거하심이요 또 너희 속에 계시겠음이라 내가 너희를 고아와 같이 버려두지 아니하고 너희에게로 오리라.

이 말씀 속에 수많은 보화가 들어 있다. 우선 보다시피 예수님은 "너희가 나를 사랑하면 나의 계명을 지키리라"고 하셨다. 흥미롭게도 그분은 성령에 대해 말씀하시기 직전에 예수님 자신의 지고한 권위 즉 주 되심을 일깨우신다. 그분은 우리가 순종하여 그분의 계명을 지킬 것을 강조하고 있다. 베드로도 이 진리를 확증해 준다. "우리는 이 일에 증인이요 하나님이 자기에게 순종하는 사람들에게 주신 성령도 그러하니라"(행 5:32). 하나님은 자기에게 순종하는 사람들에게 성령을 주신다.

이번에는 요한복음 14장 16절에 나오는 예수님의 말씀을 잘 보라. "내가 아버지께 구하겠으니 그가 또 다른 보혜사를 너희에게 주사." 여기 "또 다른"에 해당하는 헬라어 단어를 살펴보자. 신약성경에서 '다르다'고 번역된 헬라어는 두 가지가 있다. 하나는 헤테로스(heteros)이고 다른 하나는 알로스(allos)다. 전자는 '다른 종류의 다른 것'을 뜻하고 후자는 '같은 종류의 다른 것'을 뜻한다.[6]

두 헬라어 단어의 차이를 예로 들어 살펴보자. 이런 상황을 상상해 보라. 내가 당신에게 과일을 한 조각 건넨다. 예컨대 사과라고 하자. 사과를 먹고 난 당신에게 내가 묻는다. "다른 것을 하나 더 드릴까요?" "예"라고 대답한 당신에게 내가 귤을 준다면 이는 다른 종류의 다른 것을 준 것이다. 귤도 과일이지만 사과와는 종류가 다르다. 이것이 헤테로스의 예다. 반면에 하나 더 달라는 당신에게 내가 이번에도 사과를 준다면 이는 같은 종류의 다른 것을 준 것이다. 이것이 알로스의 예다.

그렇다면 예수님이 사용하신 '다른'은 무엇이었을까? 아버지께서 "또 다른" 보혜사를 주실 거라고 말씀하실 때 예수님이 사용하신 단어는 바로 알로스다. 즉 "아버지께서 나와 똑같은 다른 보혜사를 너희에게 주실 것이다"라고 하신 것이다. 자신과 성령이 '같은 종류'라고 말씀하신 셈이다.

내 인생의 영원한 코치

예수님이 요한복음 14장 16절에서 사용하신 단어는 보혜사다. 보혜사는 헬라어로 파라클레토스(parakletos)다. 예수님도 요한 서신에서 같은 단어로 지칭되신다. "나의 자녀들아… 아버지 앞에서 우리에게 대언자[파라클레토스]가 있으니 곧 의로우신 예수 그리스도시라"(요일 2:1). 예수님과 성령은 둘 다 보혜사의 역할을 수행하신다. 그렇다면 이 헬라어 단어는 무슨 뜻인가? 당시에 헬라어 '파라클레토스'는 다른 사람의 사건을 변호하는 변호사를 지칭하는 말이었다.[7] 또한 상담자나 인생의 코치를 가리킬 때도 이 말을 썼다.

헬라어의 파라클레토스는 파라(para)와 칼레오(kaleo)가 만나서 된 합성어다. 파라는 '아주 가깝다'는 뜻이다.[8] 바울은 자신과 디모데의 관계를 이 단어로 표현했다. 사도 바울에게 디모데보다 더 가까운 사람은 없었다(빌 2:20 참조). 내 아내 리자도 나에게 '파라'의 관계다. 지구상에 리자보다 더 가까운 사람은 내게 없으므로 나도 아내를 이 단어로 표현하고 싶다.

두 번째 단어인 칼레오는 '호출하다, 부르다'는 뜻이다.[9] 성경에서 사도들이 자신의 소명을 언급할 때 이 단어를 자주 사용했다. 예를 들어 "내가 이방인의 사도로 부르심을 받아"라고 한 바울은 '부르심'을 칼레오라고 했다. '소명'이라는 말에는 운명과 행동의 개념이 들어 있다.

이 두 단어를 합하면 예수님이 전달하시려는 의미가 훨씬 더 명확해진다. 그분의 말씀은 사실상 이런 것이다. "성령께서 영원히 부름 받아 너희의 각자 인생길에 지도와 인도와 교훈과 조언을 베푸실 것이다." 이것이 성령의 소명 내지 사명이다. 그분은 끝까지 함께 가시며 지치지 않고 우리를 도우신다! 예수님은 성령께서 영원토록 우리와 함께하시겠다고 하셨다(요 14:16). 성령은 결코 우리를 버리거나 떠나시지 않는다. 얼마나 놀라운 약속인가! 사실상 예수님은 자신이 하시던 일과 사명을 성령께서 우리 삶 속에서 똑같이 지속하신다고 하셨다.

나는 사람들이 이런 말을 하는 것을 자주 듣는다. "아, 나도 실제로 예수님 곁에 있었다면 그분께 드릴 질문이 아주 많았을 텐데." 그런 질문을 왜 지금 성령께 하지 않는가? 이것은 성령에 대한 우리의 인식을 엿볼 수 있는 중요한 대목이다. 성령을 막연한 존재로만 알고 있으면 그분께 다가가지 않는다. 그분을 능히 우리를 가르치거나 지도하실 수 있는 분으로 보지 않기 때문이다. 성령은 막연한 존재가 아니라 신이시다. 진정 그분을 하나님의 말씀에 나와 있는 대로 믿는다면 우리는 경외하는 마음으로 그분께 다가갈 수밖에 없다. 그분이 우리를 가르치고 도우시고 지도하실 능력과 의향이 있는 전지전능한 분임을 알기 때문이다. 그렇다, 그분은 우리와 친밀한 대화를 나누기를 간절히 원하신다.

안타깝게도 성령은 아마 교회에서 가장 무시되는 인격일 것이다. 우리가 모인 자리에서 그분을 높이거나 언급조차 하지 않을 때가 얼마나 많은가? 오전이나 오후나 저녁이나 온종일을 지내는 동안 그분께 한마디도 말하지 않을 때가 얼마나 많은가? 영원히 부름 받아 우리 안에 거하시며 우리와 동행하시는 그분께 말이다.

예수님의 충격적인 발언

요한복음 16장 7절에서 예수님은 충격적인 발언을 하셨다. "그러나 내가 너희에게 실상을 말하노니…."

본문으로 들어가기 전에 잠시 배경을 설명하자면 이렇다. 예수님이 이 말씀을 하신 대상은 제자들이다. 그분은 3년이 넘도록 제자들과 함께 계셨다. 지금까지 그분이 하신 말씀은 모두 그대로 이루어졌다. 그분이 "바람아, 잠잠하라" 하시면 바람이 잔잔해졌다. 그분이 "모처에 가면 나귀가 있을 것이다" 하시면 정말 나귀가 그곳에 있었다. 그분은 제자들 중에 배신자가 있으리라는 것을 배신자가 나타나기 전부터 아셨다. 그분이 무화과나무에게 죽으라고 하시자 24시간 내로 나무가 말라비틀어졌다. 예수님이 하신 말씀은 모두 그대로 이루어졌다. 그런데도 그분은 이제부터 하시려는 발언을 "내가 너희에게 실상(진실)을 말하노니"라는 말로 시작하셨다. 그분이 하시려는 말씀은 그야말로 제자들을 충격에 빠뜨릴 만한 것이었다. 그리고 이렇게 말씀하신 것은 그분이 자신의 말이 진실임을 그들에게 확실히 알려 주시기 위함이었다.

그렇다면 뒤이어 나온 예수님의 말씀은 무엇인가? "내가 떠나가는 것이 너희에게 유익이라 내가 떠나가지 아니하면 보혜사[파라클레토스]가 너희에게로 오시지 아니할 것이요 가면 내가 그를 너희에게로 보내리니"(요 16:7). "내가 가는 것이 너희에게 가장 좋다"(NLT)고 옮긴 역본도 있다.

당신이 제자들의 입장이 되어 보라. 알다시피 당신의 지도자는 하나님의 아들이다. 그런데 그분이 당신의 유익을 위해 당신을 떠나야 한다고 말씀하신다. 나한테는 말도 안 되는 소리로 들린다. 그분이 하나님이라면 내 곁에 계시는 것이 내게 가장 큰 유익이지 않겠는가? 제자들도 똑같은 생각을 했을 것이다. 그래서 예수님은 "내가 너희에게 실상을 말하노니"라는 말을 앞에 붙이셔야 했다.

예수님이 떠나시는 것이 왜 제자들과 후대의 모든 신자들에게 유익하다는 것인가? 이렇게 생각해 보라. 예수님이 지상을 떠나시지 않았다면 성령이 우리 곁에 오시지 않았을 것이다. 예수님께 뭔가를 받고 싶으면 나는 그분을 보러 멀리까지 가야 했을 것이다. 우선 비행기를 타고 이스라엘의 텔아비브로 가야 한다(그곳은 세상에서 가장 번잡한 공항이 될 것이다). 거기서 차를 빌려 갈릴리까지 가서 적당한 숙소를 찾아야 한다(호텔들은 완전히 만원일 것이다). 그다음 예수님을 찾아야 한다. 그분을 만나려고 차례를 기다리는 사람들이 무수히 많을 테니 찾기가 어렵지는 않을 것이다. 그분을 찾았으면 줄을 서서 인류 역사상 가장 복잡한 절차를 거쳐야 할 것이다. 사람마다 예수님께 질문이나 요청을 하려 할 테니 말이다.

줄이 워낙 길다 보니 내가 예수님과 같이 있을 수 있는 시간은 최고 60초 정도로 제한될 것이다. 그러니 질문이나 요청을 반드시 미리 준비해 두어야 한다. 물론 그분은 잠도 자고 음식도 드셔야 하므로 군중에게 내실 수 있는 시간은 길어야 하루에 14시간일 것이다. 그 시간 동안 1인당 60초씩 만난다면 그분이 볼 수 있는 사람은 하루에 840명이 되고, 따라서 100만 명을 만나려면 1,190일(3년 95일)이 소요된다. 하지만 새로운 사람들이 계속 합류할 것도 계산해야 한다. 게다가 정말 사정이 급한 사람들을 위해 '직통' 줄이라도 있다면 어떻겠는가? 그 사람들이 늘 나를 앞지르지 않겠는가? 요컨대 예수님 앞에까지 가기란 불가능에 가깝거나 가망성이 없을 것이다.

그런데 성령은 항상 우리 곁에 계시니 얼마나 다행인가? 그분은 잠을 자거나 음식을 드실 필요도 없다. 동시에 수십 억의 사람들과 수십 억의 대화를 나누실 수 있다. 하나님의 말씀을 통해 성령에 대한 이해가 근본적으로 바뀌면, 예수님이 "내가 떠나가는 것이 너희에게 유익이라"고 말씀하신 이유를 비로소 알게 된다.

성령이 예수님과 똑같음을 잊지 말라. 그분은 예수님처럼 가르치시고, 하나님의 일을 예수님처럼 설명하신다. 그러면서도 우리와 늘 함께 계신다! 그분이 얼마나 놀라우신 분인지 이제 조금 알겠는가? 이 글을 쓰는 지금도 성령께서 내 눈을 열어, 그동안 내 삶 속에서 그분의 음성과 임재를 제한해 온 방식들을 보여 주신다. 그분은 우리의 인도자이며 상담자이고 보호자이며 코치이시다. 그분이 우리의 삶에 적극적으로 개입하셔야만 한다!

다음 장에는 이렇게 엄위하신 하나님과 친밀하게 지내는 것이 어떤 의미인지 살펴볼 것이다.

예수님처럼 성령님께 의존해야 한다

하나님의 아들 예수 그리스도는 아버지의 영이신 성령께 온전히 의존하셨다. 잉태부터 부활까지 그분의 모든 것은 성령께서 일하신 결과였다.

> 그러므로 예수께서 그들에게 이르시되 내가 진실로 진실로 너희에게 이르노니 아들이 아버지께서 하시는 일을 보지 않고는 아무것도 스스로 할 수 없나니 아버지께서 행하시는 그것을 아들도 그와 같이 행하느니라 아버지께서 아들을 사랑하사 자기가 행하시는 것을 다 아들에게 보이시고… 내가 아무것도 스스로 할 수 없노라 듣는 대로 심판하노니 나는 나의 뜻대로 하려 하지 않고 나를 보내신 이의 뜻대로 하려 하므로 내 심판은 의로우니라(요 5:19-20, 30)

• 위에 나오는 예수님의 '의존 선언서'를 잘 묵상해 보라. 예수님과 성령의 관계에서 성령께서 당신에게 가르치시는 것은 무엇인가? 당신은 그로 인해 어떤 도전을 받았으며 어떤 의욕을 불태우게 되었는가?

예수님은 성령에 대해 이렇게 말씀하셨다. "내가 주는 물을 마시는 자는 영원히 목마르지 아니하리니 내가 주는 물은 그 속에서 영생하도록 솟아나는 샘물이 되리라"(요 4:14). 전도자이며 교육자였던 토레이(R. A. Torrey)는 이 구절을 다음과 같이 주해했다.

> "여기서 물은 성령을 뜻한다. 세상은 결코 만족을 줄 수 없다. 세상이 주는 모든 기쁨에 대해서는 '이 물을 마시는 자마다 다시 목마르리니' 라고 말할 수 있다. 하지만 성령은 영혼의 모든 갈망을 만족시켜 주는 능력이 있으시다. 오직 성령만이 인간의 마음을 채워 주실 수 있다. 당신 안에도 이 생수의 샘이 있는가? 샘물이 막히지 않았는가? 영생하도록 솟아나고 있는가?"[10]

• 토레이가 던진 질문을 깊이 생각해 보라. "내 안에도 이 생수의 샘이 있는가? 나는 말로 표현할 수 없는 성령의 만족을 경험하고 있는가? 그렇지 못하다면 그 이유는 무엇인가?" 성령과의 사귐에 날마다 더욱 거리낌 없이 자신을 맡겨야 한다. 그러기 위해 당신이 할 수 있는 일이 무엇인지 성령께 보여 달라고 기도하라. 그리고 그분이 보여 주시는 내용을 기록하라.

1. 성령이 없이는 그리스도인의 삶은 메마르고 단조롭고 무력해진다. 그렇다면 성령과 함께하는 삶은 어떠하겠는가? 그런 삶의 긍정적인 측면과 결과를 생각나는 대로 말해 보라.

   주는 영이시니 주의 영이 계신 곳에는 자유가 있느니라(고후 3:17).

2. 성령은 비인격적 존재나 신비로운 힘이 아니다. 성령은 삼위일체 하나님의 한 인격으로서 성부와 성자의 충만함을 지니고 계신다. 성령을 비인격적 존재나 신비로운 힘으로만 볼 때 나타나는 결과들은 무엇인가? 반면에 성령을 온전한 하나님으로 볼 때 나타나는 결과들은 무엇인가?

3. 초대 교회의 신자들 사이에서는 성령의 개입이 흔했는데 오늘의 신자들에게서는 그것을 찾아보기가 한결 힘들어졌다. 우리가 성령의 인도와 강력한 영향력을 충분히 구하고 누리고 의지하지 못하는 이유가 무엇이라 보는가?

4. 지금 예수님은 어디에 계시는가? 신자인 당신의 마음속에 사시는가? 우리가 경험하는 구원과, 하나님이 당신의 마음속에 거하신다는 신비를 더 정확하게 잘 표현하는 방법은 무엇인가?

리더 지침 질문의 전반부에 대해서는 멤버들에게 마가복음 16:19, 사도행전 1:9-11, 7:55-56, 로마서 8:34, 골로새서 3:1, 히브리서 10:12-13을 찾아보게 하라. 그리고 마지막 질문에 대해서는 로마서 8:9-10, 고린도전서 3:16, 6:19, 요한일서 3:24를 확인하게 하라.

예수께서 대답하여 이르시되 "사람이 나를 사랑하면 내 말을 지키리니 내 아버지께서 그를 사랑하실 것이요 우리가 그에게 가서 거처를 그와 함께하리라"(요 14:23).

5. 우리 주 하나님은 유일하신 분이지만 세 분의 구별된 인격 즉 성부와 성자와 성령으로 계신다. 삼위일체 하나님의 각각의 주된 역할을 말해 보라. 세 분이 어떻게 협력하여 하나님의 뜻을 이루시는지도 말해 보라.

리더 지침 멤버들에게 고린도전서 12:5-7을 확인하게 하라. 아울러 창세기 1장의 창조 기사와 요한복음 5:17, 19-20에 나오는 예수님의 말씀도 찾아보게 하라.

성부 하나님의 영=그리스도의 영=성령

6. 예수님은 성령이 우리의 파라클레토스 즉 우리를 도우시는 분이라고 말씀하셨다. 이는 성령께서 '영원히 우리 곁에 부름 받아 우리가 매일 하나님과 동행하도록 지도와 조언을 베푸신다'는 뜻이다. 이 지식은 당신에게 어떤 의욕과 힘을 불어넣어 주는가? 이것이 날마다 그분과의 관계 속에서 살아가게 하는 데 어떤 영향을 미치는가?

7. 성령의 속성 중 당신이 그동안 몰랐다가 이번에 새로 알게 된 부분은 무엇인가? 이를 통해 어떻게 눈이 열려 당신의 삶 속에서 성령의 실체를 더 풍성히 이해하게 되었는가?

주 예수 그리스도의 놀라운 은혜와, 하나님의 아낌없는 사랑
과, 성령의 친밀한 사귐이, 여러분 모두와 함께하기를 바랍니다
(고후 13:13, 메시지).

chapter 2

"너와 늘 교통하고 싶단다"

성령님과 교통해야
하나님을 알 수 있다

당신도
성령님과 교통할 수 있다

누군가와 친해지려면 먼저 그가 어떤 사람인지 알아야 한다. 상대방의 호불호와 목표와 야망을 깊이 알수록 우정이 깊어질 수 있다. 마찬가지로 성령과 깊고 인격적인 관계를 맺으려면 먼저 그분의 속성을 알아야 한다.

앞에서 보았듯이 예수님은 제자들에게 깜짝 놀랄 만한 발언을 하셨다. "내가 떠나가는 것이 너희에게 유익이라 내가 떠나가지 아니하면 보혜사가 너희에게로 오시지 아니할 것이요 가면 내가 그를 너희에게로 보내리니"(요 16:7). 일찍이 예수님이 하신 말씀이 있다. "내가 입을 열어 비유로 말하고 창세부터 감추인 것들을 드러내리라"(마 13:35). 예수님은 역사상 가장 위대한 스승이며 창세부터 감추인 비밀들을 드러내신 분이다. 그런 그분이 자신을 따르던 측근들에게 힘주어 말씀하셨다. 그들과 후대의 모든 신자들에게 가장 좋은 동반자는 몸으로 계시는 예수님 자신이 아니라 성령이라고 말이다. 와! 당신은 어떨지 모르지만 나는 그렇다면 성령을 더 알고 싶어진다.

우선 고린도후서 13장 13절부터 보자. 바울은 이렇게 말한다.

> 주 예수 그리스도의 은혜와 하나님의 사랑과 성령의 교통하심이 너희 무리와 함께 있을지어다.

보다시피 바울은 "주 예수 그리스도의 은혜"로 시작한다. 우리 신자들이 결코 잊지 말아야 할 사실이 있다. 우리가 성령과 놀라운 관계를 누리게 된 기초는 하나님 앞에서 바른 신분을 얻었기 때문인데, 그 신분은 우리 구주이신 주 예수 그리스도의 은혜가 없이는 결코 불가능했다는 것이다.

이어 바울은 "하나님의 사랑"을 말한다. 하늘 아버지께서 당신을 사랑하시니 기쁘지 않은가? 당신은 그분의 자녀다. 그분은 독특하고 온전하게 당신을 사랑하신다. 나도 아버지로서 네 아들과 한 며느리와 손자 손녀들을 무척 사랑한다. 자식이라면 정말이지 사족을 못 쓴다. 하지만 내가 내 자녀들을 사랑하고 기뻐하는 능력은 하나님이 그분의 자녀들을 사랑하시는 것에 비하면 아무것도 아니다. 그분의 말씀에 이렇게 선포되어 있다. "사망이나 생명이나 천사들이나 권세자들이나 현재 일이나 장래 일이나 능력이나 높음이나 깊음이나 다른 어떤 피조물이라도 우리를 우리 주 그리스도 예수 안에 있는 하나님의 사랑에서 끊을 수 없으리라"(롬 8:38-39). 얼마나 놀라운 약속인가! 그 무엇도 당신을 하늘 아버지의 사랑에서 끊을 수 없으니 얼마나 감사한가?

교통하심의 3가지 정의

이번에는 고린도후서 13장 13절의 마지막 부분을 보자. 이것이 고린도 교회에 보낸 바울의 마지막 편지임을 염두에 두어야 한다. 원래 편지였던 이 책에는 비범한 지혜와 계시가 가득 들어 있다. 성령의 인도로 바울은 이 심오한 서신을 어떻게 마무리 짓고 있는가? "성령의 교통하심이 너희 무리와 함께 있을지어다." 보다시피 바울은 교통하심이라는 단어를 성령과 연결시킨다.

성령과 긴밀하게 교통하여 행하는 사람 하면 가장 먼저 떠오르는 사람 중 하나가 조용기 목사다. 조 목사는 세계 최대의 교회에서 목회하고 있다. 나는 1980년대에 그를 처음 만나던 때를 지금도 잊지 못한다. 당시 나는 교회에서 외부 강사를 맞이하고 대접하는 일을 했는데, 조 목사는 내가 대접한 외부 강사 중 한 분이었다. 벌써 몇 년째 그 일을 하고 있었으므로 조 목사를 만났을 즈음에는 이미 수십 명의 사역자들을 대접한 터였다. 하지만 조 목사를 만난 일은 매우 특별했다.

그 분이 내 자동차에 타는 순간 주님의 임재를 느꼈고 나는 순식간에 울음이 터져서 눈물이 볼을 타고 주르르 흘렀다. 설교를 앞둔 그를 방해하고 싶지 않아서 애써 입을 다물려 했으나 결국 진지하게 말할 수밖에 없었다. "조 목사님, 하나님이 이 차 안에 계십니다." 그는 미소를 지으며 "저도 압니다" 하고 고개를 끄덕였다. 그는 하루에 네 시간씩 기도하는데 주로 성령 안에서 기도한다고 했다. 조 목사는 성령과 친밀하게 함께하는 시간을 최우선으로 여긴다. 그래서 그의 삶 속에서 하나님의 임재가 강하게 나타나는 것이다.

그렇다면 '성령의 교통하심'이란 무슨 뜻인가? 헬라어 원문을 보면 교통하심에 해당하는 단어는 코이노니아(koinonia)로, 그 뜻은 '교제, 사귐, 소통, 친밀함, 함께 나눔, 사회적 교류, 동역, 동참, 긴밀한 연합' 등이다. 아주 길고 풍부한 정의다! 이것을 크게 세 가지 범주로 나누면 다음과 같다.

- 교제
- 동역
- 친밀함

이제 각각의 정의를 자세히 살펴보고자 한다.

당신도 성령님과 교통할 수 있다

하나님께 속한 자는 하나님의 말씀을 듣나니(요 8:47).

그렇다. 당신도 하나님의 음성을 들을 수 있다! 하나님은 오늘도 자신의 사람들에게 말씀하신다. 자신의 소중한 성령을 통해 우리에게 말씀하신다. 헨리 블랙커비(Henry T. Blackaby)와 클로드 킹(Claude King)은 《하나님을 경험하는 삶》(*Experiencing God*)에서 오늘날 그리스도인들이 하나님과 더 깊고 더 인격적인 관계를 맺을 수 있는 이유를 이렇게 설명한다.

> "하나님은 사도행전에서 자신의 사람들에게 분명히 말씀하셨다. 그분은 오늘 우리에게도 분명히 말씀하신다. 사도행전부터 현재까지 하나님은 성령을 통해 자신의 사람들에게 말씀해 오셨다. …그분은 늘 신자 안에 계시므로 원하시는 대로 언제 어떤 식으로든 당신에게 분명히 말씀하실 수 있다."[1]

• 친히 선포하신 대로 예수님은 선한 목자이시며 우리는 그분의 음성을 알아들을 수 있는 그분의 양이다. 요한복음 10장 3-5, 11, 14, 27절을 묵상하라. 성령께서 당신에게 알려 주시는 메시지는 무엇인가?

성령의 이름 중 하나는 진리의 영이다. 왜 그런가? 블랙커비는 계속해서 이렇게 말한다.

"하나님의 성령이 계시해 주시지 않으면 당신과 나는 하나님의 진리를 알 수 없다. 성령은 우리의 교사이시다. 그분이 하나님의 말씀을 가르쳐 주실 때는 그분 앞에 앉아 그분께 반응하라. 성령은 하나님의 기록된 말씀을 사용하여 당신의 마음속에 하나님의 음성을 확증해 주신다. 그분이 그렇게 하시는 것을 기도하며 지켜보라. 또한 그분이 주변 환경 속에서 어떻게 일하시는지도 지켜보라. 기도 중에 말씀하시는 하나님과 성경을 통해 말씀하시는 하나님과 주변에서 역사하시는 하나님이 다 동일하신 분이다. 하나님은 성경, 기도, 환경, 교회를 통해 성령으로 말씀하셔서 그분 자신과 자신의 목적과 방법을 알려 주신다."[2]

교통하면
일상을 잘 안다

코이노니아의 세 가지 의미 중 첫 번째로 '교제'를 살펴보자. 내가 가지고 있는 사전에는 교제를 '친한 사이, 사귐, 함께 나눔'으로 정의하고 있다. 친밀한 친구들이나 동지들끼리는 교제를 경험한다. 그들은 함께 나누고, 서로 대화하며, 서로의 일상을 잘 안다.

앞서 말했듯이 나는 골프를 정말 좋아한다. 대개 친한 친구들과 함께 골프장에 가는데, 우리는 라운드를 다 도는 동안 서로 대화를 나눈다. 방해거리가 없기 때문에 질적인 시간을 함께 보내기에는 아주 그만이다. 나는 대학 시절에 한때 테니스에 크게 매료되었는데, 테니스의 문제는 운동하는 동안 상대방과 대화를 나눌 수 없다는 점이다. 그런 점에서 나는 골프를 좋아한다. 실제로 나는 다른 어떤 곳에서보다 골프장에서 사람들과 깊은 교제를 나눈다. 그러니까 나의 '교제'는 골프장에서 이루어진다고 할 수 있다. 그러므로 내가 아내와 골프를 치려는 이유는 단 한

가지다. 지구상에서 아내보다 더 함께 있고 싶은 사람은 내게 없기 때문이다!

마찬가지로 메신저 인터내셔널의 팀원들은 나의 가장 친한 친구들 중하나다. 우리는 수시로 이 기관의 계획과 도전과 목표에 대해 의논한다. 나는 그들의 전문 지식과 우정에 깊이 의지하고 있다. 이 놀라운 남녀들이 아니었다면 지금 내가 어디에서 무엇을 하고 있을지 상상이 되지 않는다. 우리의 교류는 늘 계속된다. 이런 지속적 우정이 없었다면 메신저인터내셔널의 사명인 교육과 전도와 구원은 불가능했을 것이다.

성경에서 분명히 보듯이 사도들은 성령과의 교제에 온전히 의존했다. 바울은 사도행전에서 이렇게 말했다.

> 보라 이제 나는 성령에 매여 예루살렘으로 가는데 거기서 무슨 일을 당할지 알지 못하노라 오직 성령이 각 성에서 내게 증언하여 결박과 환난이 나를 기다린다 하시나(행 20:22-23).

바울은 자신의 앞일에 대해 성령과 대화했다. 보다시피 성령은 어느한 성에서만 결박과 환난이 바울을 기다리고 있다고 말씀하시지 않았다. 바울이 각 성에서 고난이 기다리고 있음을 알았던 이유는 성령과 꾸준히 교제하며 살았기 때문이다.

당신은 어떨지 모르지만 내 동역자가 자꾸 말하기를 내가 가는 곳마다 환난이 기다리고 있다고 한다면, 나는 그에게 반문할 것이다. "당신의 생각을 바꿀 수 없습니까?" "조금만 조정해 주시면 좋겠습니다." "환난 대신 약간의 불편함 정도면 어떻겠습니까?" 물론 성령은 바울의 환난을 기뻐하지 않으셨다. 대신 그분은 닥칠 앞일을 대비하도록 준비시켜 주셨다. 그것이 가능했던 이유는 평소에 바울이 그분과 가깝게 교제했기 때문이다.

나도 성령에게서 듣고 싶지 않은 말씀을 들은 적이 있다. 나는 다른 말씀을 기대하며 계속 그분께 질문을 던졌다. 하지만 그분의 메시지는 날마다 똑같았다. 만일 우리가 듣고 싶은 말을 듣기 위해 계속해서 성령을 이런 식으로 대한다면 그분은 결국 침묵하실 것이다. 마치 이렇게 말씀하시는 것과 같다. "내가 이미 너에게 더할 나위 없이 분명히 알려 주었다. 이제 나의 명령을 받아들일지 말지는 네가 선택하라." 당신도 성령과 가까이 교제하며 살면 성령께서 전혀 듣고 싶지 않은 말씀을 해주실 때가 있을 것이다.

성령과 교제한 초대 교회

베드로도 사도행전 10장에서 성령에게서 전혀 듣고 싶지 않은 명령을 들었다. 하나님은 이방인에게도 구원을 베푸시려는 의지를 베드로에게 환상을 통해 보여 주셨다.

> 베드로가 그 환상에 대하여 생각할 때에 성령께서 그에게 말씀하시되 두 사람이 너를 찾으니(행 10:19).

두 사람이란 이방인 백부장 고넬료의 집으로 베드로를 안내하러 온 사람들이다. 베드로는 독실한 유대인이었으므로 평소 같았으면 절대로 이방인 집에 가지 않았을 것이다. 그런 까닭에 성령이 그에게 분명히 말씀하셨다. "보라, 밑에 너를 찾는 손님들이 와 있다. 그들과 함께 가라.

이 일에 네가 필요하다." 성령은 베드로가 이 지시를 마냥 기뻐하지 않을 줄 아셨지만 더 길게 설명하지 않고 명령하셨다.

사도행전 8장에도 한 사도가 성령께 의지한 이야기가 나온다.

주의 사자가 빌립에게 말하여 이르되 일어나서 남쪽으로 향하여 예루살렘에서 가사로 내려가는 길까지 가라 하니 그 길은 광야라(행 8:26).

보다시피 주의 사자(천사)가 빌립에게 지시를 내렸다. 그런데 사자가 빌립에게 나타났다고 하지 않고 "주의 사자가 빌립에게 말하여 이르되"라고 되어 있다. 이것은 어느 역본이나 똑같이 해석했다. 이것이 왜 중요한가? 본문을 통해 빌립이 천사의 음성과 성령의 음성을 구별할 줄 알았다는 추론이 가능하다. 같은 장 조금 뒤에 "성령이 빌립더러 이르시되 '이 수레로 가까이 나아가라'"(행 8:29)고 하신 말씀이 나오기 때문이다. 빌립은 천사의 음성과 능히 구분할 정도로 성령의 음성을 잘 알았다! 천사가 사마리아(큰 부흥이 일어나고 있던 곳)를 떠나 광야(아무 일도 일어나지 않고 있던 곳)로 가라고 말한 것도 그는 그래서 알았다.

빌립이 광야에 이르자 성령께서 "이 수레로 가까이 나아가라"고 말씀하셨다. 왜 이 만남에 중대한 의미가 있는가? 수레에 타고 있던 신사는 에티오피아에서 서열 3위의 인물이었다. 그 권세와 영향력 때문에 그의 구원은 그의 나라에 복음이 확장되는 출발점이 되었다. 빌립이 만일 성령의 인도에 민감하지 못했다면 이런 엄청난 사역의 기회를 놓쳤을 것이다.

몇 장 뒤로 가면 디모데와 바울과 실라에 대한 기사가 나온다.

성령이 아시아에서 말씀을 전하지 못하게 하시거늘 그들이 브루기아와 갈라디아 땅으로 다녀가 무시아 앞에 이르러 비두니아로 가고자 애쓰되 예수의 영이 허락하지 아니하시는지라(행 16:6-7).

성령이 "못하게 하시"고 "허락하지 아니하"셨다는 표현을 잘 보라. 성령과 교회 지도자들 사이에 얼마나 긴밀한 소통이 있었는지 이제 보이는가? 지금이라고 달라야 하는 이유가 무엇인가? 지금이라고 성령을 떠나 하나님을 섬기는 더 좋은 방법이 있는가? 초대 교회의 지도자들에게는 현대의 첨단기술이 없어서 방법도 원시적이었을 뿐인가? 천만의 말씀이다. 어떤 첨단기술이나 방법도 성령의 음성을 대신할 수 없다. 초대 교회 지도자들은 성령께서 자신의 삶 속에 친밀하게 개입하실 것을 기대했다. 그분의 임재를 초청하고 존중했다. 지금도 전혀 다르지 않다. 성령은 오늘 우리와 친밀한 교제 가운데 행하기를 원하신다.

리자와 내가 날마다 종일 한 집에 같이 있으면서 서로 한마디도 하지 않는다는 게 상상이 되는가? 정말 이상하지 않겠는가? 그런 결혼생활을 누가 원하겠는가? 나는 아내를 사랑한다. 아내와 가까워지고 싶고 아내의 말을 듣고 싶다. 아내의 음성은 내 귀에 음악 소리와 같다. 우리는 결혼한 지 30년이 넘었지만, 설령 아내가 여태 독신이라 해도 나는 그 뒤를 졸졸 따라다닐 것이다. 지상 만민 중에서 아내야말로 내가 가장 함께 있고 싶은 사람이다. 마찬가지로 성령도 당신과 친밀하게 교제하기를 간절히 원하신다.

나는 24년째 호텔 방에 묵곤 하지만 한 번도 심심했던 적이 없다. 매 순간 하나님과 함께 있는데 어떻게 심심할 수 있겠는가? 그분이 방 안에 나와 함께 계신다. 그래서 이따금씩 일부러 나 혼자 방에 있기도 한다. 이런 생각에서다. "지금은 함께 출장 온 사람들과 시간을 보내고 싶지 않다. 성령과 단둘이 있고 싶기 때문이다." 나는 그분의 음성을 듣는 게 좋다. 그렇다고 오해하지는 말라. 나는 사람들과 어울리는 것도 좋아한다. 사실 굉장히 좋아한다! 나는 결코 은둔자나 수도사가 아니다. 사람들을 정말 사랑한다. 그래도 성령과 교제하는 시간은 내게 정말 귀하다.

교통하면 일상을 잘 안다

- 성령께서 우리에게 주로 말씀해 주시는 것들은 무엇인가? 요한복음 14:26, 15:26, 16:12-15을 주의 깊게 읽고 성령께서 가르쳐 주시는 다섯 가지를 찾아보라.

하나님과 교제하고 그분의 음성을 듣는 열쇠는 무엇인가? 블랙커비와 클로드 킹(Claude V. King)은 다음과 같이 말한다.

> "하나님의 음성을 듣는 열쇠는 무슨 공식이 아니다. 그대로 따르기만 하면 되는 무슨 비법이 있는 것도 아니다. 하나님의 음성을 듣는 능력은 하나님과의 친밀한 사랑의 관계에서 비롯된다. …말씀하시는 하나님께 계속 반응하다 보면 그분의 음성을 점점 더 분명히 알아듣게 된다."[3]

- 하나님의 음성을 듣는 열쇠는 바로 관계다. 에녹과 노아와 아브라함과 기타 많은 사람들은 하나님과 교제하는 관계였다. 당신도 하나님과 교제할 수 있다. 아모스 3:7, 다니엘서 2:22, 시편 25:14에는 한 가지 원리가 나온다. 그 원리가 요한복음 15:15, 고린도전서 2:9-10, 에베소서 1:9에서 어떻게 실현되는가? 이것은 '말세를 사는' 신자인 당신에게 어떤 힘이 되는가?

- 하나님과 교제했던 에녹(창 5:21-24), 노아(창 6:9-18), 아브라함(창 18:16-22), 베드로(행 10:9-23) 등의 삶을 확인해 보라.

교통하면
하나님의 동역자가 된다

코이노니아를 설명할 수 있는 또 다른 단어는 동역이다. 동역의 예를 누가복음에서 볼 수 있다. "그렇게 하니 고기를 잡은 것이 심히 많아 그물이 찢어지는지라 이에 다른 배에 있는 동무들에게 손짓하여 와서 도와달라 하니 그들이 와서 두 배에 채우매 잠기게 되었더라"(눅 5:6-7). 여기서 동무들로 번역된 헬라어 단어는 메토코스(metochos, 코이노니아와 동의어)로 '파트너, 동지, 동역자'로 풀이된다.[4] 본문의 사람들은 동업자들이었다. 이 사건에서 볼 수 있듯이 좋은 동역에는 소통과 행동 둘 다 필요하다. 한쪽에서 동지들에게 신호를 보내면 나머지 동지들이 와서 도와주는 것이다.

지금 살펴볼 말씀은 신약 전체에서 가장 황송한 내용 중 하나일 것이다. "우리는 하나님의 동역자들이요"(고전 3:9). 놀랍지 않은가? 나는 웨이머스 역본의 표현이 좋다. "우리는 하나님을 위한 동역자들이자 하나님과 함께하는 동역자들이다." 천지의 창조주를 위해 그분과 함께 일할 수 있는 기회가 우리에게 주어져 있다. 하나님과 협력하여 일한다고 표현할 수도 있다. 얼마나 놀라운 초청인가!

사도행전 15장에서 행동하는 동역의 한 요소가 나온다. 사도들은 모든 이방인 신자들에게 보낼 편지를 작성하는 중이었는데 말씀 중에 "성령과 우리는… 옳은 줄 알았노니"(28절)라는 표현이 나온다. 동역의 실제적인 모습이다. 지도자들은 특정한 상황에 대해 성령의 뜻이자 또한 자신들의 뜻이라고 그 입장을 분명히 했다. 양쪽 모두 결정에 참여했다. 양쪽 모두 하나님 나라의 일을 하는 동역자였다.

하나님 나라의 동역자들

동일한 동역의 개념을 구약에서도 볼 수 있다. 기억하겠지만 하나님은 상수리나무 아래로 아브라함을 찾아오셔서 소돔과 고모라를 멸하실 계획을 의논하셨다(창 18장 참조). 하나님은 분명히 아브라함을 자신의 동역자로 보셨다. 그분은 아브라함과 함께 어떤 벼랑으로 걸어가 거기서 말씀하신다. "나는 정말 이 두 도시를 날려 버릴 생각이다. 아브라함아, 너의 생각은 어떠냐?"(저자의 주해) 아브라함은 두 도시 중 한 곳에 자기 조카가 살고 있었으므로 못내 걱정이 되었다. 심사숙고 끝에 그는 결국 의인 열 명만 있어도 그곳을 멸하지 않도록 하나님을 설득할 수 있었다.

하나님은 아브라함의 의견을 중시하셨다. 창세기 18장 17절에서는 이런 말씀까지 하셨다. "내가 하려는 것을 아브라함에게 숨기겠느냐." 그분은 계획을 속행하기 전에 아브라함의 생각을 듣고자 하셨다. 그 이유가 무엇인가? 아브라함이 하나님과 가깝게 교통하며 또는 동역하며 지냈기 때문이다.

모세의 삶에도 비슷한 예가 나온다. 하나님은 모세에게 "그런즉 내가 하는 대로 두라 내가 그들[이스라엘 백성]에게 진노하여 그들을 진멸하고 너를 큰 나라가 되게 하리라"(출 32:10)고 말씀하셨다. 모세는 이 말을 듣고 하나님을 설득하여 분노를 누그러뜨리고 계획을 변경하도록 했다. 오늘날 우리는 이 이야기를 가볍게 읽기 쉽다. 하지만 잠시 멈추어 생각해 보라. 모세는 하나님께 어떻게 하는 것이 하나님과 그분의 백성에게 가장 좋은 것인지를 용케 상기시켜 드렸다. 하나님이 "내가 하는 대로 두라!"고 이미 말씀하셨는데도 말이다. 이는 평소에 모세가 하나님과 가까이 동역했기 때문이다.

여기서 우리가 알아야 할 중요한 사실이 있다. 하나님은 전능자이시며 늘 우리의 경외를 받기에 합당하신 분이다. 오직 그분의 은혜와 능력을 통해서만 우리는 그분과 동역할 수 있다. 그분은 자신의 웅대한 계획과 목적에 우리를 끼워 주시기로 선택하셨다. 그리고 그것은 우리에게 얼마나 큰 특권인지 모른다.

지금까지 구약의 두 가지 중요한 기사를 살펴보았다. 하지만 사실 아브라함과 모세에게는 지금 우리에게 있는 중요한 것이 없었다. 이 믿음의 거장들은 경우에 따라 특정한 순간에만 하나님과 그런 식으로 동역할 수 있었다. 하지만 성령은 하루 24시간 연중무휴로 우리 안에 사신다. 우리는 상수리나무 아래로 찾아오실 그분을 기다릴 필요도 없고, 그분을 대면하러 물리적 시내 산에 올라갈 필요도 없다. 언제라도 그분께 나아갈 수 있다. 무엇보다 그분 자신이 우리와 동역하기를 원하신다. 우리의 생각을 들으시고 우리의 걸음을 인도하기 원하신다.

성령은 우리와 늘 함께 계실 뿐 아니라 주무실 필요도 없다. 최근에 나는 새벽 2시 20분에 잠이 깼는데 새롭게 시작될 하루간의 사역에 마음이 설레 다시 잠에 들 수 없었다. 그래서 일어나 나의 동역자께 말을 걸었다. 그분은 그 시각에도 깨어 있었다. 놀라웠다! 그분은 "존, 왜 나를 깨웠니?"라고 하지 않으셨다. 내 아내였다면 "도대체 한밤중에 왜 나를 깨우는 거예요?"라고 했을 것이다. 내가 만일 "그냥 당신과 대화하고 싶어서요" 한다면 아내는 당장에 베개를 집어던질 것이다. 하지만 성령은 언제라도 나를 반겨 주신다. 새 하루에 대한 대화를 기뻐하시며, 어떤 때는 그날 있을 일을 미리 살짝 보여 주시기도 한다. 그래서 나는 하루를 그분의 임재 안에서 시작하는 게 좋다. 그분은 나의 동역자이시다. 나의 하루에서 그분과의 교제는 없어서는 안 될 부분이다.

그런데 중요한 것은 이 관계에서 성령이 선임(先任) 동역자시라는 사실이다. 바울은 에베소의 장로들에게 "여러분은 자기를 위하여 또는 온 양 떼를 위하여 삼가라 성령이 그들 가운데 여러분을 감독자로 삼고 하나님이 자기 피로 사신 교회를 보살피게 하셨느니라"(행 20:28)고 말했다.

바울은 "예수께서 그들 가운데 여러분을 감독자로 삼고"라고 말하지 않았다. 이 구절은 예수님과 성령의 동역을 완벽하게 예시해 준다. 예수님은 "자기 피로" 하나님의 교회를 사셨다. 성령은 삼위일체 중에서 현재 지상에 거하시는 분이므로 교회의 감독자들을 세워서 교회 일을 총괄하신다. 그분은 주관자이시다. 다시 말해서 선임 동역자이시다. 우리와 동거하시고 우리 안에 거하시는 분이 성령이라는 사실을 바울은 잘 알고 있었다.

사도행전 13장에서 또 다른 예를 볼 수 있다.

"주를 섬겨 금식할 때에 성령이 이르시되 '내가 불러 시키는 일을 위하여 바나바와 사울을 따로 세우라' 하시니… 두 사람이 성령의 보내심을 받아 실루기아에 내려가"(행 13:2, 4).

여기서도 역시 사도들과 동역(교통)하시는 분이 성령임을 분명하게 밝히고 있다. 알다시피 예수님은 아버지와 함께 하늘에 계신다. 반면에 성령은 이 땅에 보냄 받아 이 놀라운 삶에서 우리와 동역하신다.

고린도후서 13장 13절을 다시 보자. "주 예수 그리스도의 은혜와 하나님의 사랑과 성령의 교통하심이 너희 무리와 함께 있을지어다." 위에서 교통하심을 '교제'와 '동역'으로 정의했으니 그 두 단어에 대한 새로운 이해를 바탕으로 이 구절을 다시 보라. 바울의 말이 얼마나 의미심장한 것인지 이제 알겠는가? 하지만 거기서 그치지 않는다. 코이노니아라는 말에는 '긴밀한 연합'이라는 뜻도 들어 있다.

이 말을 하면 내 나이가 탄로 나겠지만 나는 긴밀한 연합을 생각하면 비틀스가 떠오른다. 내가 어렸을 때는 비틀스가 해체되기 오래전이었다. 그때 누가 폴 매카트니를 언급하면 나는 즉시 비틀스의 다른 멤버들인 존 레논, 조지 해리슨, 링고 스타를 떠올렸다. 당시 내게 비틀스는 개인들이 아니라 그냥 비틀스였다.

몇 년 전 나는 어느 큰 교회의 주일 아침예배에서 성령에 대해 설교했다. 저녁예배 시간이 되어 다시 교회로 갔다. 예배가 시작되면 곧이어 내가 45분가량 가르치기로 되어 있었다. 그런데 강단에 서기도 전에 성령이 역사하셔서 사람들이 병 고침을 받고 구원을 받기 시작했다. 그래서 두 시간이 흘러도 좀처럼 내 순서가 돌아오지 않았다.

그러자 그 교회의 목사가 울먹이며 내게 말했다(그는 평소에 유하거나 나약한 사람이 아니다). "존, 이 교회를 담임한 지 8년이 되었지만 하나님의 임재가 이렇게 강력하게 느껴지기는 처음입니다!" 나는 즉시 대답했다.

"이유가 있습니다. 오늘 아침에 우리가 성령에 대해 말했기 때문입니다. 우리가 성령에 대해 말할 때마다 성령께서 나타나십니다."

이 사례에서 분명히 보듯이 '평범한' 신자인 당신이나 나도 성령과 긴밀하게 연합하여 행하면 그런 일이 일어난다.

교통하면 하나님의 동역자가 된다

"너희는 내 얼굴을 찾으라" 하실 때에 내가 마음으로 주께 말하되 "여
호와여 내가 주의 얼굴을 찾으리이다" 하였나이다(시 27:8).

다윗은 평범한 사람이 아니었다. 다윗의 마음속에는 타오르는 소원이
하나 있었다. 바로 하나님의 임재를 바라는 열망이었다. 그는 "내가 여
호와께 바라는 한 가지 일 그것을 구하리니 곧 내가 내 평생에 여호와의
집에 살면서 여호와의 아름다움을 바라보며 그의 성전에서 사모하는 그
것이라"(시 27:4)고 고백했다.

우리의 동역자 되신 하나님과 그분의 변함없는 임재보다 더 귀한 것
은 없다. 성부와 성자는 하늘에 계시므로 성령께서 이 땅에 계셔서 모든
신자 안에, 모든 신자를 통해 하나님의 임재를 나타내신다. 로렌스 형제
로 더 잘 알려진 니컬러스 허먼(Nicholas Herman)은 '하나님의 임재를 연
습하는' 법을 배웠다. 수도원에서 종으로 섬기던 그는 이렇게 말했다.

"우리의 영적 생활에서 가장 거룩하고 가장 필요한 연습은 하나님의
임재 연습이다. 이 말의 의미는 우리가 하나님의 거룩하신 동행 안에서
끊임없이 기쁨을 발견하고, 매 순간 어떤 식으로든 대화의 막힘이 없이
항상 그분과 겸손하면서도 정답게 대화하는 것을 말한다."[5]

- 잠시 멈추어 생각해 보라. 하나님의 임재가 나의 삶에서 얼마나 절실히 필요한가? 그분이 없다면 나의 삶은 어떻게 되겠는가? 성령의 여러 가지 이름과 역할을 다시 한 번 쭉 살펴보라(34-35쪽 참조). 그러면 그분을 바라보는 시각이 새로워질 것이다. 그 상태에서 그분의 임재가 당신에게 얼마나 절대적으로 필요한지 기록해 보라.

우리는 언제 어디서 성령의 임재를 경험할 수 있는가? 로렌스 형제의 말이다.

> "하나님의 임재 안에 거하려면 꼭 교회 안에 머물러 있어야 하는 것은 아니다. 우리의 마음을 예배 처소로 만들 수 있다."[6]

어떻게 하나님의 임재를 연습할 수 있는가? 로렌스 형제는 이렇게 말한다.

> "단순히 자신을 하나님께 내어 드리라. …자주 그분을 생각하는 거룩한 습관을 기르라."[7]

교통하면
예수님과 친해진다

코이노니아의 마지막 의미는 '친밀함'이다. 사실 '친밀함'은 바울이 고린도후서 13장 13절에서 쓴 코이노니아라는 낱말을 가장 잘 설명해 주는 단어다. 친밀함은 교제나 관계를 통해서만 나타날 수 있지만 교제나 관계에 담긴 의미를 넘어선다. 친밀함은 마음의 생각과 비밀, 갈망에 까지 깊이 파고 들어간다.

메시지성경은 이 부분을 "성령의 친밀한 사귐이, 여러분 모두와 함께 하기를 바랍니다"(고후 13:14)라고 번역하고 있다. 나는 친밀함을 우정의 가장 깊은 차원으로 본다. 성령의 소원이 당신의 친구가 되는 것임을 결코 잊지 말라. 그분은 당신과 교제하기를 간절히 원하신다. 야고보서 4장 5절에는 "우리 속에 거하게 하신 성령이 시기하기까지 사모한다"고 했다. 그분은 당신을 얻고자 시기하시며 당신의 시간과 관심을 갈망하신다. 생각해 보라. 성령은 하나님이시며 그분께 숨겨진 것은 아무것도 없다. 그분의 지식과 지혜와 이해는 무한하다. 그런 성령이 당신에게 자신을 계시해 주기 원하신다. 나는 뭔가 소중하거나 중요한 것을 알게 되거나 깨달으면 그것을 가까운 사람들에게 나누어 주고 싶어 안달이 난다. 아마 당신도 그럴 것이다. 성령도 다를 바 없다.

신자들은 종종 성령과의 관계 밖에서 예수님과 가까워지려 한다. 이는 바리새인들이 범한 오류와 비슷하다. 그들은 예수님께 "우리가 음란한 데서 나지 아니하였고 아버지는 한 분뿐이시니 곧 하나님이시로다"고 말했다. 하지만 예수님은 "하나님이 너희 아버지였으면 너희가 나를 사랑하였으리니 이는 내가 하나님께로부터 나와서 왔음이라 나는 스스로 온 것이 아니요 아버지께서 나를 보내신 것이니라"고 대답하셨다(요 8:41-42). 바리새인들은 예수님과 상관없이 아버지와 관계 맺기를 원했다. 그들은 하나님의 생각이 자기들과 다름을 받아들일 마음이 없었다. 예수님은 바리새인들에게 자신과 아버지가 하나라고 설명해 주셨다. 나중에는 "너희가 나를 알았더라면 내 아버지도 알았으리로다"(요 14:7)라고까지 말씀하셨다. 하지만 바리새인들은 도무지 들으려 하지 않았다. 그들은 아들을 통해 아버지께 가려는 마음이 없었기 때문에 결국 아버지와 진실로 가까워질 수 없었다.

마찬가지로 예수님은 자신이 더 이상 이 땅에 없을 것과 아버지께서 성령을 보내실 것을 분명히 밝히셨다. 우리 구주 예수님과 똑같은 성령이 우리를 도우시는 분으로 오셨다(요 16:7). 아들이 아버지를 계시하도록 보냄 받으신 것처럼 성령은 예수님을 계시하도록 보냄 받으셨다. 우리는 성령께서 예수님을 영화롭게 하기를 좋아하신다는 사실을 잊어서는 안 된다. 그러므로 예수님을 정말 더 알고 싶은 사람은 성령과 함께 시간을 보내야 한다. 하지만 성령은 자신이 존중받는 곳에서만 나타나신다. 우리가 성령을 존중하면 그분은 우리에게 자신을 나타내신다. 그 결과 우리는 성령의 놀라운 임재를 누릴 뿐 아니라 그분이 가르쳐 주시는 예수님을 더 깊이 알게 된다.

지금까지 30년 넘게 사역하면서 내가 예외를 본 적이 없는 진리가 있다. 예수님을 가장 잘 아는 사람들은 성령과 가장 친밀한 사람들이다. 지극히 당연한 일이다. 성령은 우리에게 예수님을 알려 주시는 분이기 때문이다.

성령의 성격을 이해하라

누군가와 친해지려면 그 사람의 성격을 알아야 한다. 성격을 알면 자연히 교제가 알차고 친밀함의 수준도 깊어진다.

나는 아주 오랫동안 나의 네 아들을 똑같이 대했다. 당연히 거기서 몇 가지 문제가 생겼다. 그런 식의 자녀양육이 왜 효과적이지 못했을까? 아들마다 성격이 다르기 때문이다. 민감한 아내는 나에게 네 아이의 다른 점들을 읽는 법을 가르쳤다. 아이들 하나하나의 개성을 이해하려 노력하니 나와 아이들의 관계가 몰라보게 좋아졌다.

나는 아내와 아주 친하기 때문에 아내가 자신을 표현하는 방식을 잘 안다. 우리가 이런 친밀함을 가질 수 있는 것은 결혼한 지 30년이 넘었기 때문이다. 친밀함은 질적인 시간을 함께 보낼 때 얻어지는 산물이다. 나는 아내가 보내는 눈빛만 보고도 아내가 무슨 생각을 하는지 공책에 몇 페이지라도 쓸 수 있다. 아내가 아무 말하지 않아도 무엇을 원하는지 알 때도 있다. 누가 내게 "존, 오늘 아침의 메뉴는 베이컨과 계란과 그리츠입니다"라고 말한다면 나는 "리자는 그리츠와 베이컨을 원하지 않습니다"라고 자신 있게 대답할 수 있다. 아내에게 물어볼 것도 없다. 아내가 그리츠와 베이컨을 좋아하지 않는다는 것을 잘 알기 때문이다. 물론 아주 피상적인 예이지만 더 깊은 사안들에 대해서도 마찬가지다. 이런 친밀함은 하룻밤 사이에 생겨나는 게 아니다. 오랜 세월 질적인 시간을 갖고 잦은 소통을 해야 이룰 수 있다. 아내의 호불호를 나보다 더 잘 아는 사람은 없고 나의 호불호를 아내보다 더 잘 아는 사람은 없다. 성령과의 관계도 마찬가지다. 성령을 더 잘 알려면 꾸준히 그분과 소통하며 그분의 임재 안에서 시간을 보내야 한다.

교통하면 예수님과 친해진다

볼지어다 내가 문 밖에 서서 두드리노니 누구든지 내 음성을 듣고 문을 열면 내가 그에게로 들어가 그와 더불어 먹고 그는 나와 더불어 먹으리라(계 3:20).

하나님은 성령을 통해 당신과 가까워지기 원하신다. 그분은 친밀함을 간절히 원하신다. 그리고 그 친밀함은 당신이 경험할 수 있는 가장 깊은 수준의 관계를 말한다. 하나님과 친밀해진다는 것은 그분이 내 속을 들여다보신다는 말과 같다. 성령은 우리의 마음을 살피고 아실 뿐만 아니라 하나님의 마음도 살피고 아시며, 하나님의 깊은 생각과 비밀과 갈망을 알려 주신다. 그래서 우리도 하나님의 속을 들여다볼 수 있다.

• 성령은 '진리의 영'이며 우리를 모든 진리 가운데로 인도하신다. 당신은 하나님이든 예수님이든 혹은 어떤 성경 본문에 대해 이해하고 싶은가? 그 부분의 깊은 참뜻을 보여 달라고 성령께 기도하라. 그것이 당신의 삶에 어떻게 적용되는지도 깨우쳐 달라고 기도하라. 그리고 그분이 깨닫게 하시는 내용을 기록하라.

- 당신의 삶에서 잘 이해되지 않는 부분이 있는가? 예컨대 어떤 특정한 상황이 닥치면 별다른 이유 없이 분노를 터뜨리거나 심히 두려운가? 잠시 멈추어 기도하라. "성령님, 제가 이런 식으로 행동하는 진짜 근본 원인은 무엇입니까? 성령의 눈으로 보게 하여 주소서. 성령께서 제 안의 어떤 부분을 변화시켜 주셔야 합니까?" 성령께서 알려 주시는 내용을 기록하라.

- 과거나 현재의 어떤 상황이 잘 이해되지 않는가? "성령님, 이 상황 속에 숨겨진 진실은 무엇입니까? 성령님은 어떻게 보십니까? 성령께서 제 안에서 변화시키려는 부분이 무엇입니까? 어떻게 하면 제가 성령께 협력하여 그 변화를 이룰 수 있습니까?" 성령께서 일깨워 주시는 내용을 기록하라.

부드러운 마음으로
교통하라

요한복음 14-16장에서 예수님은 성령을 '그'라는 대명사로 열아홉 번이나 일컬으셨다. 아주 명백하게 성령은 인격이시다. 다시 말하지만 성령이 인격이라는 말은 성령이 인간이라는 뜻이 아니다. 알다시피 인간은 하나님의 형상대로 창조되었다. 이른바 '인격'의 요소들이 맨 처음에 하나님 안에서부터 존재했다는 뜻이다. 하지만 반대로 하나님은 우리의 형상과 똑같지 않다. 그러므로 그분의 인격은 인간의 인습적 '틀'과 결코 들어맞지 않는 부분들이 있다.

헬라어 원문에서 성령을 가리키는 대명사들을 공부하다가 나는 성령과의 관계와 소통에 정말 도움이 되는 사실을 하나 깨달았다. 성령을 가리켜 자주 쓰인 헬라어 대명사는 (남성도 아니고 여성도 아닌) 중성 대명사다. 이 대명사는 단수이며, 남성에게도 쓰일 수 있고 여성에게도 쓰일 수 있다.

영어에는 이런 대명사가 없다. '그'와 '그녀'와 '그것'이 있을 뿐이다. '그것'은 사물이나 동물에 쓰이는 대명사다. '그'는 남성을, '그녀'는 여성을 가리킨다. 남성과 여성이 혼용되는 단수 중성 대명사는 없다. 하지만 헬라어에는 그런 중성 대명사가 존재하며, 신약성경에 그 단어가 성령을 가리키는 말로 자주 쓰였다. 다시 말하지만 이것은 사물을 가리키는 말이 아니라 인칭 대명사.

구약에도 비슷한 개념이 나온다. 히브리어 원문에 보면 성령께서 하신 행동이 기능상 여성으로 표현된 경우가 많다(형태상 여성은 아니다). 히브리인들은 글을 쓸 때 종종 기능을 기준으로 삼았다. 묘사 대상의 정체를 따르지 않고 행동을 따라간 것이다. 물론 성령이 여성으로 지칭된 예는 성경 어디에도 없다. 하지만 그분의 일부 행동에 여성의 속성이 부여되었다.

이것은 지면상 여기서 다 설명할 수 없다. 하지만 한 가지만은 더할 나위 없이 분명히 밝히고 싶다. 나는 성령이 여성이 아니라고 생각한다. 아니, 더 직설적으로 말해서 성령은 여성이 아니다. 성령이 여성이라는 교리를 가르치는 사람들이 있다. 내가 보기에 그것은 근거가 없으며 지극히 감상적인 것이다. 그런 생각일랑 머릿속에서 깨끗이 지워 버리라. 성령은 여신(女神)이 아니다.

내가 하려는 말은 이것이다. 우리는 하나님이 우리의 형상대로 지어진 분이 아님을 잊어서는 안 된다. 거꾸로 우리가 그분의 형상대로 지어졌다. 빤한 소리 같지만 그것은 이 공부를 하는 데 더없이 중요한 진리다. 창세기 1장 27절은 "하나님이 자기 형상 곧 하나님의 형상대로 사람을 창조하시되 남자와 여자를 창조하시고"라고 했다. '사람' 대신 '남자'나 '인류'로 옮긴 역본도 있다. 개인적으로 나는 '사람'이나 '인류'가 가장 좋은 번역이라고 생각한다. 이렇듯 창세기에서 우리는 하나님이 남자와 여자를 그분의 형상대로 지으셨음을 배운다. 그렇다면 여기서 뒤따르는 질문이 있다. 하나님이 남자와 여자를 모두 그분의 형상대로 지으셨다면 흔히 생각하는 '여성적' 특성들도 하나님에게서 기인했을 수밖에 없지 않은가? 성령이라는 존재가 남성이나 여성에 대한 우리의 이해를 대신하거나 초월할 수 있지 않은가? 당연히 그럴 수밖에 없다. 남자와 여자가 공히 하나님의 형상대로 창조되었기 때문이다.

알다시피 지금까지 나는 이 책에서 성령을 남성 대명사로 지칭했다. 이후로도 계속 그럴 것이다. 그럼에도 성령께는 흔히 여성적이라고 분류되는 속성들이 있다. 헬라어를 쓰지 않는 우리에게는 이 개념이 복잡하고 헷갈릴 수 있다. 그런데 왜 나는 그것을 말하고 있는가? 이를 통해 당신이 성령을 더 잘 이해할 수 있고 그분과 더 깊은 관계를 가질 수 있기 때문이다. 그렇지 않다면 나는 굳이 이 주제를 다루지 않았을 것이다.

성령은 부드럽고 온유하신 분이다

여기서 잠시 나의 배경을 좀 더 말하고자 한다. 나의 아버지는 2차 대전 참전 용사이며 현재 93세다. 나는 아버지를 깊이 사랑한다. 아버지가 가르쳐 준 많은 것들은 내 평생에서 큰 유익이 되었다. 하지만 아버지가 나를 준비시켜 주지 않은 것이 하나 있다. 여자와 결혼해서 사는 법이다. 베드로는 "남편들아 이와 같이 지식을 따라 너희 아내와 동거하고"(벧전 3:7)라고 했다. 리자와 결혼했을 때 나는 아내를 "지식을 따라" 대하지 않았다. 리자는 내 인생의 첫사랑이었다. 다른 어떤 여자와도 친밀한 관계를 맺어 본 적이 없다. 그런 탓에 나는 리자를 대할 때 다른 남자들에게 하듯이 했다. 물론 그 방법은 통하지 않았다. 나는 아내를 여자로 대하는 법을 배워야 했다.

우선 나는 리자에게 온유하게 말하는 법부터 배워야 했다. 부끄럽게도 나는 가족들에게 거칠게 말한 적이 여러 번 있다. 다행히 그때마다 성령께서 내 잘못을 지적해 주신다. 그러면 나는 사과하고 고칠 수 있다.

한번은 내가 아들에게 정말 심한 말을 했다. 나는 잠시 후 아들에게 사과를 했고 다행히 아들이 용서해 주어서 우리 사이는 다시 좋아졌다. 하지만 리자는 달랐다. 아내는 내가 아들에게 모질게 말한 것 때문에 며칠 동안 나에 대해 기분이 좋지 않았다. 그렇다고 아내가 분을 품은 것은 아니다. 다만 아내가 평소에 관계에 민감한 까닭에 자연스럽게 나오는 모습이었다. 아들과는 즉시 화해했으나 아내와는 회복하는 데 좀 더 노력이 필요했다. 이틀 후 아내가 말했다. "당신이 아들에게 그렇게 말한 일 때문에 나는 아직도 아찔해요." 나는 그것이 리자의 삶에 주신 선물임을 배웠다. 많은 여자들처럼 리자도 관계를 극도로 중시하며 자신과 가까운 사람들을 애써 보호한다.

그렇다면 흔히 여성적인 면으로 통하는 이런 놀라운 관계적 강점이 성령께도 있지 않겠는가? 성경은 "하나님의 성령을 근심하게 하지 말라"(엡 4:30)고 한다. 릭 레너(Rick Renner)가 《주옥같은 헬라어 어휘 365선》(*Sparkling Gems from the Greek*)에서 지적했듯이 여기 '근심하다'로 번역된 단어는 '깊은 슬픔과 고민'을 뜻한다. 이 단어의 어근은 서로 깊이 사랑하는 사람들 사이에서만 경험할 수 있는 고통을 나타낸다. 따라서 바울의 말은 사실상 이런 것이다. "너희를 깊이 사랑하시는 그분께 쓰라린 상처를 주지 말라." 이번에는 이 말씀을 앞뒤 문맥 속에서 읽어보자.

무릇 더러운 말은 너희 입 밖에도 내지 말고 오직 덕을 세우는 데 소용되는 대로 선한 말을 하여 듣는 자들에게 은혜를 끼치게 하라 하나님의 성령을 근심하게 하지 말라 그[성령] 안에서 너희가 구원의 날까지 인치심을 받았느니라 너희는 모든 악독과 노함과 분냄과 떠드는 것과 비방하는 것을 모든 악의와 함께 버리고 서로 친절하게 하며 불쌍히 여기며 서로 용서하기를 하나님이 그리스도 안에서 너희를 용서하심과 같이 하라(엡 4:29-32).

성령은 우리로 인해 슬퍼하신다

부드러움은 참으로 사모해야 할 강점이다. 바울은 우리 마음을 부드럽게 하라고 도전했다. 아내와 건강하고 활기찬 관계를 누리려면 내 마음이 부드러워야 하고 자녀들을 향한 말씨도 부드러워야 한다. 마찬가지로 우리가 성령과 건강하고 활기찬 관계를 누리려면 그분을 슬프게 하는 것들에 민감해야 한다. 흥미롭게도 바울은 성령을 몹시 슬프게 하는 것들로 더러운 말, 노함, 분냄, 떠드는 것, 비방 등을 꼽았다. 내 아내를 슬프게 하는 행동과 거의 똑같다. 역시 이는 흔히 여성적인 면으로 통하는 놀라운 관계적 강점이 성령께도 있다는 증거가 아니겠는가?

보다시피 바울은 "예수를 근심하게 하지 말라"든가 "하나님을 근심하게 하지 말라"고 하지 않고 "성령을 근심하게 하지 말라"고 꼭 집어 말했다. 성령은 우리 마음을 자신의 거처로 삼으셨다. 우리가 어디로 가든지 성령도 함께 가신다. 그야말로 친밀한 연합이다. 그래서 그분은 우리가 우리 삶에 들여놓는 것들에 깊은 영향을 받으신다.

이것을 다른 각도에서 생각해 보라. 어떤 사람이 나를 욕하면 그건 큰 문제가 아니다. 하지만 내 아내를 욕하는 사람은 호된 대가를 치러야 한다. 예수님도 비슷한 말씀을 하신 적이 있다. "또 누구든지 말로 인자[예수]를 거역하면 사하심을 얻되 누구든지 말로 성령을 거역하면 이 세상과 오는 세상에서도 사하심을 얻지 못하리라"(마 12:32). 성부는 성자를 통해 계시되셨고 성자는 성부의 뜻만 말씀하셨다. 그런데 성부는 성령을 보호하시니 흥미롭지 않은가? 하나님은 우리가 그분 자신이나 예수님을 어떻게 대하는가와 관련해서는 그런 보호 장치를 두지 않으셨다. 유독 성령께만 그렇게 하셨다.

성부와 성자와 성령의 관계는 우리가 다 이해할 수 없는 신비다. 다만 흥미롭게도 우리는 성령을 대할 때 위의 차이에 주목해야 한다. 성령과의 소통을 소중히 여기고 보호해야 한다. 우리가 성령을 슬프게 할 수 있음을 기억하는 게 중요하다. 때로는 그분을 몹시 슬프게 할 수도 있다. 그것이 당신과 성령의 관계에 왜 그렇게 중요한가? 성령을 어떻게 대해야 하는지 모르면 당신의 삶 속에서 그분의 임재가 나타날 수 없기 때문이다.

성령은 민감하면서도 강하신 분이다

성령은 보혜사 즉 위로하시는 분이다. 흔히 아이들은 다치면 누구한테 가는가? 엄마한테 달려간다. 그래서 미국의 몇몇 주(州)에서는 청소년 범죄를 다룰 때 여성 경찰관의 역할을 강조하는 정책을 수립했다. 예컨대 하와이 주는 갓 체포된 청소년을 처음 면담할 때 여성 경찰관이 맡도록 권고한다. 청소년들이 여성 경찰관에게 더 잘 반응하는 것으로 나타났기 때문이다. 여자들은 위로하고 달래는 타고난 능력을 자연스럽게 발

휘한다. 다시 말하지만 그렇다고 성령이 여자라는 말은 아니다.

어떤 면에서 나는 성령을 다윗 왕에 비유한다. 다윗이 부드럽고 민감하고 긍휼이 많은 사람이라는 점에 동의하는가? 다윗은 자신이 직접 압살롬의 반역을 종식시키라고 군대에 지시했으면서도 압살롬이 죽었다는 소식을 접하고 통곡을 했다(삼하 19장 참조). 다윗이 울며 시를 짓는 장면도 많이 나온다. 그와 요나단 사이에서 일어난 이야기는 성경 전체에서 가장 친밀한 우정을 보여 주는 최고의 기사 중 하나다. 하지만 다윗이 용사였음을 잊지 말라. 그는 거인을 무찔렀고 수많은 사람을 죽였다. 그의 용사들은 이스라엘 역사상 가장 출중한 전사들이었을 것이다(삼하 23장 참조). 다윗은 그 용사들의 두목이었다. 한번은 자신의 부하들에게 물과 음식을 주지 않는다는 이유로 사람을 죽이려 한 적도 있다(삼상 25장 참조). 다윗은 겁쟁이가 아니라 용사였다. 그런데도 그는 부드럽고 민감한 사람이었다.

앞서 소개했듯이 성령은 '재능의 영'으로도 불린다(사 11:2 참조). 그분은 전능하시며 결코 나약하거나 무력하시지 않다. 하지만 동시에 그분은 자상하며 매사에 깊이 느끼신다. 우리의 말이나 행동이 그분을 슬프게할 수 있다. 얼마나 놀라우신 하나님인가!

성령의 속성이 다 이해되지 않는다 해도 놀라지 말라. 그분의 속성을 우리 인간의 이해로 제한할 수 없음을 늘 잊어서는 안 된다. 다행히 성령은 우리가 그분을 가까이하면 우리에게 자신을 나타내 보이겠다고 약속하셨다. 얼마나 귀한 초청인가!

앞서 말했듯이 나는 성령의 신비와 영광을 절대로 다 묘사할 수 없다(고전 2:6-16 참조). 다만 내 목표는 당신에게 그분을 소개하는 것이다. 이제부터 당신의 삶 속에서 그분의 광대하심을 발견하고 그분의 임재를 누릴 수 있도록 말이다.

성령을 근심시키지 말라

나는 최근 한동안 텔레비전 시청을 아예 하지 않았다. 대신에 기도와 말씀에 몰두하며 하나님과 생생한 교제를 누렸다. 그러던 어느 날 거실에 갔더니 마침 아이들이 영화를 보고 있었다. 하필 누군가가 살해당하는 장면이 화면에 잡혔다. 그 순간 나는 급히 거실을 빠져나왔다. 하나님과 교제하는 동안 성령에 민감해져서 화면에 잡힌 영상으로 인해 성령이 슬퍼하시는 것이 느껴졌기 때문이다.

성령이 우리 안에 늘 함께 계심을 잊어서는 안 된다. 당신이 극장에 들어가면 그분도 함께 가신다. 거룩하고 능력이 무한하신 우주의 하나님이 당신과 동행하신다. 그분은 늘 당신과 함께 계신다. 결코 당신을 버리거나 떠나지 않겠다고 약속하셨기 때문이다. 하지만 그분을 근심시킬 만한 상황들이 있다. 당신이 그분을 그런 상황 속으로 끌고 들어가면 그분은 갑자기 잠잠해지신다.

성령을 슬프시게 했을 때는 어떻게 반응해야 하는가? 즉시 용서를 구해야 한다. 단, 진실하고 깊은 사과여야 한다. 내가 아내를 슬프게 했을 때 '해결을 위한' 신속한 사과는 전혀 통하지 않는다. 리자는 내가 우리의 교제에 걸림돌이 된 원인을 진실하게 다루기보다 그저 빨리 넘어가려 하면 그것을 용케 알아차린다. 리자는 나를 정죄하려는 게 아니라 우리 사이에 솔직하지 못하거나 진실하지 못한 것이 끼어드는 것을 싫어하는 것이다. 마찬가지로 성령도 우리를 얻고자 시기하신다. 그분이 원하시는 것은 피상적 교제가 아니라 진정한 친밀함이다.

앞에서 나는 아들에게 모질게 말해서 사과한 일을 얘기했다. 그 일이 있고 나서 이틀 동안 성령은 내가 기도골방에 들어갈 때면 그 문제를 지적하셨다. 정죄하신 게 아니라 교제를 회복하시기 위해서 그렇게 하셨다. 나는 그때까지도 내가 그분을 얼마나 슬프게 했는지 몰랐다. 처음 두어 번 구한 용서는 참된 경건한 슬픔에서 한 것이 아니었다. 오히려 얼른 넘어가고 싶은 마음이 컸다. 그러나 계속된 성령의 온유한 지적을 받고 나서 나는 참되고 깊고 경건한 슬픔의 자리에 이를 수 있었다. 그제야 내 영혼(생각과 의지와 감정)이 깨끗해졌음을 알 수 있었다.

바울도 고린도 교회에 비슷하게 말했다. 고린도 교인들이 불순종하여 하나님과 그들의 관계에 금이 갔다. 바울은 이렇게 썼다(그의 말을 읽으면서 이것이 성령께로부터 온 말씀임을 명심하라).

> 보라 하나님의 뜻대로 하게 된 이 근심이 너희로 얼마나 간절하게 하며 얼마나 변증하게 하며 얼마나 분하게 하며 얼마나 두렵게 하며 얼마나 사모하게⋯ 하였는가(고후 7:11).

다행히 우리는 어린양의 피로 용서받고 깨끗하게 되었다. 우리 신자들은 하나님 앞에서 바른 신분을 얻었다. 하지만 성령을 슬프시게 했을 때는 매번 그분과의 교제를 회복해야 한다. 사도 바울은 고린도 교인들이 참으로 슬퍼할 때까지 그들의 잘못을 지적했다. 마찬가지로 성령도 우리의 잘못을 끝까지 지적하신다. 우리와 참된 교제를 나누시려는 열정 때문이다. 내게 경건한 슬픔이 찾아오자 진정으로 죄를 씻고 싶은 마음이 간절해졌고, 내 영혼이 교제의 회복을 사모하게 되었다. 성령께서 속히 용서해 주시는 분이니 얼마나 감사한가!

결코 잊지 말라. 성령은 온유하고 긍휼이 많으며 위로를 베푸시는 분이지만(흔히 여성에게 귀속되는 속성) 또한 힘이 세고 강력하며 용사와 같으신 분이다(흔히 남성에게 귀속되는 속성). 성령과 친밀한 관계를 경험하려면 그분의 속성을 점점 더 배워야 한다. 그분과 소통하되 그분의 방식대로 해야 한다. 성령이 어떤 분인지 더 알아 갈수록 전능자와 더 깊이 교제할 수 있다.

가끔 나는 아내에게 골프 이야기를 할 때가 있다. "여보, 오늘은 내가 68타를 쳤지 뭐요!" 내가 이렇게 말하면 아이들은 흥분해서 "아빠, 한 타씩 차례로 다 말해 주세요!"라고 말한다. 하지만 아내는 내가 골프장에서 사람들과 나눈 대화에 더 관심이 있다. 아내를 정말 흥분시키는 것은 관계다. 아내의 자리에서 소통하려면 나도 아내의 관심사에 대해 말할 필요가 있다. 마찬가지로 우리는 성령의 관심사가 무엇이고 성령을 기쁘시게 하는 것이 무엇인지 알아야 한다. 말씀도 읽고 그분의 임재 안에서 질적인 시간도 보내면서 그분의 광대하심을 맛보아야 한다. 그러면 그분이 신실하게 우리에게 자신을 계시해 주신다.

부드러운 마음으로 교통하라

하나님의 성령을 근심하게 하지 말라 그 안에서 너희가 구원의 날까지 인치심을 받았느니라(엡 4:30).

• 성령을 근심시키는 태도와 사고방식과 행동으로 에베소서 4장 17-24절에서 언급된 것들은 무엇인가?

성령을 근심시키지 않는 비결은 정결함과 연합의 정신을 추구하고 지키는 것이다. 부정함과 교만은 성령의 역사를 막지만, 겸손은 성령이 막힘없이 역사하도록 한다. 하나님께 "제가 성령님을 근심시키는 일을 하고 있습니까?"라고 여쭤 보라. 그분이 보여 주시는 부분이 있거든 회개하라. 겸손하고 정결하게 행할 수 있도록 그분의 은혜를 구하라. 그러면 성령께서 기뻐하시며 당신의 삶 속에서 마음껏 역사하실 것이다.

전능자 하나님은 미세한 분자부터 광활한 은하계까지 모든 것을 창조하신 전지전능한 창조주이시다. 그런 하나님이 당신의 마음을 자신의 거처로 택하셨다! 그렇다. 예수님을 죽은 자들 가운데서 살리신 바로 그 성령이 신자인 당신 안에 사신다!

헬라어 학자이며 작가인 릭 레너(Rick Renner) 목사는 우리가 성령의 집이 된다는 의미를 이렇게 풀어냈다.

> "성령께서 당신의 마음속에 들어와 아주 편안한 집으로 삼으셨다. 그분은 당신 안에 살러 오신 것을 아주 기뻐하셨다! 그분은 당신의 마음속에 이주하여 정착하셨다. 그곳을 자신의 영원한 주거지이자 새로운 집으로 삼으신 것이다!"[8]

- 당신이 가는 모든 곳, 나누는 모든 대화, 참여하는 모든 활동에 당신은 성령을 함께 모시고 다닌다. 잠시 멈추어 그것을 생각해 보라. 당신이 선택해서 보거나 듣는 오락물들, 함께 어울리는 사람들, 참여하는 활동들을 생각해 보라.

- 당신의 마음이 어떤 상태인지 보여 달라고 성령께 기도하라. 그분의 대답은 무엇인가? 당신에게 취하라고 하시는 조치는 무엇인가?

우리에게는 성령의 교통하심이 있다. 교통하심은 헬라어로 코이노니아다. 이는 '교제, 사귐, 소통, 친밀함, 함께 나눔, 사회적 교류, 동역, 동참, 긴밀한 연합'을 뜻한다. 이것을 크게 세 가지 범주로 나누면 교제, 동역, 친밀함이다.

1. 성령은 하나님의 아들딸인 우리와 끊임없는 사귐(코이노니아)을 갖기 원하신다. 이 사귐에는 우선 교제가 포함된다. 교제란 삶을 함께 나누는 친한 관계를 말한다. 성령을 동반자로 환영하고 민감하게 의식하는 것이 왜 중요한가? 그렇게 하지 않을 때 따를 수 있는 결과는 무엇인가?

2. 교제와 아울러 성령은 우리와 동역하기 원하신다. 흔히 동역자들이 서로의 성공을 돕기 위해 실제적으로 하는 일들은 무엇인가? 아브라함이나 모세처럼 구약시대에 하나님을 따르던 사람들도 동역을 경험했다. 그들과 비교해서 오늘 우리와 성령의 동역은 어떤 면에서 다른가? 그것이 당신에게 어떻게 격려가 되는가?

3. 성령과의 사귐은 교제와 동역보다 더 깊은 친밀함에까지 이른다. 친밀함은 긴밀한 연합이다. 어떻게 하면 우리가 성령과 더불어 이런 차원의 사귐을 가꿀 수 있겠는가?

4. 성령의 주된 역할은 예수님의 정체를 알리고 가르쳐서 그분께 존중과 영광을 돌리시는 것이다. 성령은 자신이 진정으로 존중받는 곳에서만 그리스도를 계시하시고 자신을 나타내신다. 앞에서 풀이한 존중의 정의를 잘 읽어 보라. 우리가 개인적으로나 교회 공동체로서나 성령을 존중할 수 있는 구체적

인 방법들은 무엇인가?

5. 성경에 성령(하나님의 영)이 여성으로 표현된 적은 없지만 그분의 행동양식은 기능상 여성인 때가 있다. 창세기 1장 27절을 주의 깊게 읽고 하나님의 성품에 대해 어떻게 설명하고 있는지 말해 보라. 이 진리가 당신과 성령의 관계에 어떤 영향을 미치는가? 하나님의 성품은 곧 성령의 성품이기도 하다.

6. 성령은 속성상 아주 온유하시고 부드러우시며 위로를 베푸시는 분이다. 조심하지 않으면 우리는 성령을 근심시키거나 소멸할 수 있다. 그렇게 성령을 큰 슬픔에 빠뜨리면 그분은 우리 삶 속에서 역사하지 못하고 뒤로 물러나신다. 에베소서 4장 29-32절을 주의 깊게 묵상하면서 성령을 근심하게 하는 행동들을 찾아보라. 성령을 근심하게 함은 데살로니가전서 5장 19-22절에 나오는 성령을 소멸함과 어떻게 다른가? 어떻게 우리는 이런 행동들을 예방할 수 있는가?

7. 인간이 알고 있는 모든 죄는 하나님께 용서받을 수 있지만 하나만은 예외다. 바로 성령을 모독하는 죄다. 마태복음 12장 22-32절에서 예수님의 경고를 읽어 보라(막 3:22-30; 눅 12:10에도 나온다). 성령을 모독한다는 것이 무슨 뜻인지 이 구절들에 비추어 설명해 보라. 예수님이 이 죄를 왜 이렇게 강경하게 질타하셨다고 보는가?

만일 너희 속에 하나님의 영이 거하시면 너희가 육신에 있지

아니하고 영에 있나니 누구든지 그리스도의 영이 없으면 그리

스도의 사람이 아니라(롬 8:9).

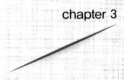

chapter 3

"너와 깊이 사귀고 싶단다"
성령님이 깊은
영적 관계로 인도하신다

성령님을
삶의 교사로 모시라

예수님이 바리새인들에게 "너희의 전통으로 하나님의 말씀을 폐하는도다 외식하는 자들아"(마 15:6)라고 준엄하게 말씀하신 이유는 그들이 전통을 하나님의 말씀보다 앞세웠기 때문이다. 전통의 사전적 정의는 '기존의 관습적 또는 물려받은 사고방식이나 행동양식'이다. 물론 전통 자체가 꼭 나쁜 것은 아니다. 내게는 친구들, 가족들과 함께 즐기는 좋은 전통들이 많다. 하지만 바리새인들은 전통(관습적 사고방식)을 하나님의 말씀보다 우위에 놓았고, 그 결과 말씀은 그들의 삶에 무용지물이 되었다. 오늘날에도 다를 바가 없다. 진리에 대한 우리의 이해를 규정하는 것은 하나님의 말씀이어야지 인간의 일시적 감정이나 전통이나 철학이 되어서는 안 된다.

이 백성이 입술로는 나를 공경하되 마음은 내게서 멀도다 사람의 계명으로 교훈을 삼아 가르치니 나를 헛되이 경배하는도다 하였느니라 하시고(마 15:8-9).

예수님이 곧이어 설명하셨듯이 바리새인들의 전통은 그들과 창조주의 관계를 갈라놓았다. 사실 예수님은 그들이 하나님을 경배하는 것조차 헛되다고 단언하셨다. 그들이 인간의 교훈(교리와 지식)을 더 믿었기 때문이다. 바리새인들은 자신의 눈먼 상태를 회개하고 진리를 받아들여야 했다. 그렇지 않으면 결코 하나님과 진정으로 친밀해질 수 없었다. 마찬가지로 우리도 성령과 친밀한 관계를 누리려면 인간의 사상과 전통을 버리고, 말씀이 가르치는 대로 성령에 대한 진리를 받아들여야 한다. 그렇지 않으면 하나님과 친해지려는 우리의 시도도 바리새인들의 경우처럼 헛수고가 되고 만다.

성령은 최고의 교사이시다

성령과 친해지기 전에 나는 성경을 읽을 때면 이런 생각이 들곤 했다. "나는 마음을 다하여 하나님을 사랑한다. 하지만 말씀을 읽고 기도하는 것이 약간 지루하다." 무엇이 문제일까? 기도하고 말씀을 읽는 시간에 성령을 모시지 않았기 때문이다. 성령과 친해지고 나서 나는 오직 성령만이 성경을 내 마음속에서 살아나게 하실 수 있음을 깨달았다. 성령의 지도를 따르면 성경은 단순한 활자가 아니라 삶의 본질 자체가 된다. 고린도후서 3장 6절을 보자.

그가 또한 우리를 새 언약의 일꾼 되기에 만족하게 하셨으니 율법 조문으로 하지 아니하고 오직 영으로 함이니 율법 조문은 죽이는 것이요 영은 살리는 것이니라.

여기서 '새 언약'은 단지 규율과 규정을 나열한 목록이 아니다. 그것은 생명 자체이며, 따라서 그것의 지배를 받는 사람들에게 생명을 불어넣는다. 이 충만한 새 언약을 우리는 오직 성령을 통해서만 누릴 수 있다. 그리스도 안에서 장엄한 비밀로 숨겨진 우리의 정체를 알려 주시는 분이 성령이기 때문이다(그것이 신약의 메시지다). 그래서 우리는 말씀을 읽을 때 최고의 스승인 성령을 모셔야 한다.

자기가 가르치는 담당 과목에 대해 열정이 없는 교사에게 배운 적이 있는가? 내 경우 그런 교사의 수업이야말로 최악이었다. 강의 요강을 훑어보는 것만으로도 치근(齒根) 치료를 참는 일처럼 괴로웠다. 한편 자기가 가르치는 학생들을 무조건 싫어하는 교사에게 배운 적이 있는가? 얼마나 비참한 경험인가? 다행히 성령은 하나님 말씀의 비밀들을 알리시는 일에 열정이 있으며 당신을 향해서도 열정이 넘치신다! 성령의 소원은 당신이 그리스도께서 값없이 주신 모든 선물을 누리며 사는 것이다. 우리가 구하고 찾으면 그분은 삶의 비밀들을 신실하게 계시해 주신다.

성령이 임재하는 예배

이 놀라운 그리스도인의 삶을 우리는 안타깝게도 인도자이신 성령의 임재 없이, 그분의 조언 없이 살아가려 할 때가 많다. 오늘날 많은 교회들에서 성령은 사실상 낯선 존재다. 부지중에 우리는 성령의 임재를 분위기로 대체해 버렸다. 마치 성령의 나타나심을 애써 막기라도 하듯이 말이다. 이는 소수의 사람들이 그분의 임재에 '이상한' 반응을 보였거나 그분의 임재를 억지로 지어 내려 했기 때문이다.

내 말을 오해하지 말라. 나는 교회 예배에 좋은 분위기가 필요하다고 믿는다. 지난 몇 년 동안 교회 전반에 문화적 변화가 많이 필요했다. 더 좋은 분위기를 만드는 것도 그중 하나다. 여러 모로 교회는 세상을 향해 더 시의성 있고 매력 있는 곳이 되었다. 나는 이것이 하나님을 기쁘시게 한다고 믿는다. 바울은 이렇게 말했다.

> 나와 같이 모든 일에 모든 사람을 기쁘게 하여 자신의 유익을 구하지 아니하고 많은 사람의 유익을 구하여 그들로 구원을 받게 하라(고전 10:33).

그동안 우리는 개개인의 창의력과 발전된 첨단기술을 아주 잘 활용해 왔다. 내가 가 본 가장 혁신적인 곳들 중에는 교회도 있다. 그리스도의 몸 된 교회는 혁신의 주역이 되어야 한다. 끊임없이 창의력을 새로운 차원으로 끌어올려야 한다. 하지만 교회가 매사에 성령을 모시지 않는다면 이 땅에서 온전히 능력과 사랑과 권위의 자리를 차지할 수 없다. 이 관계에서 성령이 선임 동역자이심을 잊지 말라.

다행히 우리는 좋은 분위기와 성령의 명백한 임재를 둘 다 누릴 수 있다. 양쪽 모두에 탁월한 교회들을 방문할 때마다 나는 주체할 수 없이 감격스럽다. 그런데 성령이 임재하면 사람들이 하나님 나라에 들어가기를 주저할 것이라는 오해가 있는 것 같다. 거기에 속아서는 안 된다. 사도들이 성령과 동역했을 때, 잃어버린 영혼들은 사도들을 밀어낸 게 아니라 오히려 그들에게로 끌렸다. 그 사실을 잊어서는 안 된다. 교회가 성령의 개입 없이 부흥할 수는 있겠지만 결국 물거품이 되고 말 호사일 뿐이다.

하나님의 아들이신 예수님도 성령의 능력을 받기 전에는 아무것도 하시지 않았다.

> 예수께서 성령의 능력으로 갈릴리에 돌아가시니 그 소문이 사방에 퍼졌고 친히 그 여러 회당에서 가르치시매 뭇 사람에게 칭송을 받으시더라(눅 4:14-15).

성경을 통해 확인할 수 있듯이 그분은 "성령의 능력으로… 돌아가"셨다. 이 본문의 내용은 예수님이 40일 동안 광야에서 마귀에게 시험을 받으신 후에 벌어진 일이다. 예수님은 성령의 능력으로 광야를 떠나 나사렛으로 돌아가서 이렇게 선포하셨다.

> 주의 성령이 내게 임하셨으니 이는 가난한 자에게 복음을 전하게 하시려고 내게 기름을 부으시고 나를 보내사 포로 된 자에게 자유를, 눈 먼 자에게 다시 보게 함을 전파하며 눌린 자를 자유롭게 하고 주의 은혜의 해를 전파하게 하려 하심이라(눅 4:18-19).

예수님이 이 땅에 오셔서 아버지의 뜻을 이룰 수 있었던 것은 성령의 능력으로 행하셨기 때문이다. 마찬가지로 교회도 그 동일한 능력으로 심령이 가난한 자에게 복음을 전하고, 상한 마음을 치유해 주고, 포로를 해방시키고, 밝은 시력을 되찾아 주고, 압제당하는 자를 풀어 주고, 하나님의 손이 구원할 수 없을 만큼 짧지 않다는 진리를 보여 주어야 한다. 성령의 능력에 의지하지 않고는 우리는 결코 이 같은 천국의 대업을 진척시킬 수 없다. 예수님도 성령의 능력이 필요하셨다. 하물며 우리에게는 성령의 능력이 얼마나 더 필요하겠는가?

성령님을 삶의 교사로 모시라

너희는 주께 받은 바 기름 부음이 너희 안에 거하나니 아무도 너희를
가르칠 필요가 없고 오직 그의 기름 부음이 모든 것을 너희에게 가르
치며 또 참되고 거짓이 없으니 너희를 가르치신 그대로 주 안에 거하
라(요일 2:27).

우리 삶에서 성령의 역할은 무궁무진하지만 그중 가장 위대한 것이
교사의 역할이 아닐까 한다. 성령은 늘 우리에게 뭔가를 가르치신다. 그
분은 영원히 내주하는 완전한 부모로서 사랑으로 자상하게 지도하고 바
로잡아 주신다.

성경은 성령의 영원한 교과서다. 우리가 하나님처럼 생각하고 말하고
행동하려면 그분의 말씀이 필요하다. 또한 말씀을 깨달아야 한다. 바로
그것이 우리의 교사이신 성령의 일이다. 그분은 우리를 이끌어 모든 진
리 가운데로 인도하신다. 작가이자 목사인 프랜시스 프랜지페인(Francis
Frangipane)은 이렇게 감동적으로 말했다.

"주의 말씀이 성령과 만나면 우리를 그리스도의 형상으로 변화시키는
통로가 된다… 말씀은 하나님이다. 활자 자체는 하나님이 아니지만 말
씀을 통해 호흡하시는 영은 하나님이다. 이 성령을 하나님으로 존중해

야 한다. 그러므로 주님을 구하되… 그냥 지적으로 읽지 않게 해달라고 기도하라. 성령께서 기록된 말씀을 통해 당신의 마음에 말씀해 주시도록 기도하라… 겸손히 주님 앞에 무릎을 꿇으면 말씀이 당신의 영혼 속에 접붙여져 결국 당신의 본성의 일부가 된다(약 1:21)."[1]

• 자신에게 물어보라. "나는 하나님의 말씀을 어떻게 대하는가? 성령을 교사로 모시고 그분께 배우는가? 말씀에 내 마음대로 의미를 부여하는가, 아니면 말씀을 있는 그대로 받아들이는가?" 다음에 성령께 여쭈어 보라. "말씀이 살아나 저의 본성의 일부가 되게 하려면 제가 무엇을 다르게 해야 합니까?" 성령께서 가르치시는 내용을 기록하라.

경건의 시간만이 성령께서 가르치시는 시간인가? 그렇지 않다. 성령은 항상 가르치시고 있다. 그분께 주파수가 맞추어져 있으면 언제라도 교훈을 배울 수 있다. 프랜지페인은 이렇게 권한다.

"항상 메모장과 펜을 가지고 다녀라. …우리는 성령 안에 거하도록 부름 받았지 그냥 잠깐씩 찾아뵈러고 부름 받은 게 아니다. …성령은 어디서나 무슨 일로든 당신에게 말씀하실 수 있다. 그러려면 당신이 듣는 귀를 길러야 한다."[2]

깊이 사귀면
하나님께 충성한다

    나의 간절한 소원은 모든 교회에 드나드는 사람들이 예수 그리스도의 명백한 임재를 경험하는 것이다. 내가 사람들에게서 늘 듣는 말이 있다. "교회마다 예수님이 더 필요하다"는 말이다. 나도 그 심정에 전적으로 공감한다. 그런데 우리에게 예수님을 계시해 주시는 분은 누구인가? 성령이시다. 앞서 말했듯이 성령은 욕심내야 할 물건이 아니라 존중하고 초청해야 할 인격이시다. 우리가 매사에 진리의 영의 임재를 원하지 않을 까닭이 무엇인가? 예수님은 제자들에게 이렇게 말씀하셨다.

    내가 아직도 너희에게 이를 것이 많으나 지금은 너희가 감당하지 못하리라 그러나 진리의 성령이 오시면 그가 너희를 모든 진리 가운데로 인도하시리니 그가 스스로 말하지 않고 오직 들은 것을 말하며 장래 일을 너희에게 알리시리라 그가[성령이] 내[예수의] 영광을 나타내리니 내 것을 가지고 너희에게 알리시겠음이라 무릇 아버지께 있는 것은 다 내 것이라 그러므로 내가 말하기를 그가 내 것을 가지고 너희에게 알리시리라 하였노라(요 16:12-15).

성령은 예수님을 영화롭게 하신다. 예수님은 성령을 통해 우리에게 계시되신다. 우리는 하나님이 정하신 이 원칙에서 벗어날 수 없다. 우리 삶에서 예수님을 더 원한다면 평소에 성령과 더 가까이 지내야 한다. 성령이 그리스도의 영이라 불리는 것도 그래서다.

자기 속에 계신 그리스도의 영이 그 받으실 고난과 후에 받으실 영광을 미리 증언하여 누구를 또는 어떠한 때를 지시하시는지 상고하니라 (벧전 1:11).

만일 너희 속에 하나님의 영이 거하시면 너희가 육신에 있지 아니하고 영에 있나니 누구든지 그리스도의 영이 없으면 그리스도의 사람이 아니라(롬 8:9).

성령은 우리에게 말씀하실 때 예수님을 대변하신다. 성령은 그리스도 안에서의 삶에 따라붙는 '멋진 덤'이 아니라 이 땅에서 그리스도의 실체이시다. 성령은 자신이 존중받지 못하는 곳에서는 자신의 임재를 나타내지 않으신다. 그러므로 우리가 성령을 존중하지 않으면 우리 삶에 그리스도의 임재와 능력이 결여되게 된다. 세상이 교회를 종종 무력하고 무능하다고 여기는 것도 혹시 그래서가 아닐까? 그리스도의 능력으로 변화되어야 할 세상이 말이다.

하나님과의 깊은 사귐

교제의 최종 목적은 깊고 인격적인 사귐이다. 성령은 당신의 친구가 되기를 원하신다. 사실 그분은 당신과 친밀하게 사귀기를 원하신다. 야고보는 "우리 속에 거하게 하신 성령이 시기하기까지 사모한다"(약 4:5)고 했다. 그분이 사모하시는 것은 무엇인가? 당신과 친밀해지는 것이다. 사실 사람들이 가장 가까운 사람들에게 바라는 것도 그런 것 아닌가? 성령은 심지어 시기하기까지 사모하신다. 이는 우리가 다른 애인들과 놀아나는 것을 성령께서 결코 용납하시지 않는다는 뜻이다. 내가 다른 여자와 바람피우는 것을 내 아내가 그냥 두지 않는 것과 마찬가지다.

하나님은 마땅히 우리의 전폭적인 사랑을 받으셔야 할 분이다. 야고보서 4장 4절에는 이런 말씀이 나온다.

> 세상과 벗이 되고자 하는 자는 스스로 하나님과 원수 되는 것이니라 (약 4:4).

원수 됨을 사전에서 찾아보면 '적의, 증오, 악의, 원한 등의 감정 또는 상태'라고 풀이되어 있다. 모두 강경한 표현들이라서 당연히 의문이 생긴다. 세상과 벗하는 것이 왜 하나님과 원수 되는 것인가?

세상과 벗한다는 것은 육신의 정욕을 따른다는 의미다. 이득이나 지위나 신분을 얻으려는 이기적인 추구를 말한다. 육신적 자아에 빠지는 것이다. 성령은 우리가 그런 것들을 추구하면 결국 공허함과 허탈함만 남으리라는 것을 잘 아신다. 우리가 우리 영혼을 멸망시킬 수밖에 없는 것들과 장난질 할 때 하나님은 시기하시는 사랑으로 그것을 싫어하신다. 하나님이 온전하신 아버지임을 결코 잊지 말라.

여느 좋은 아버지처럼 그분도 자기 자녀가 최선이 아닌 상태에서 적당히 눌러앉는 것을 싫어하신다. 그래서 그분은 우리가 세상과 벗되는 것을 용납하시지 않는다. 예수님의 소원은 당신이 풍성한 삶을 경험하는 것이며(요 10:10 참조), 성령은 성자의 그 소원을 나타내 보여 주신다. 알다시피 삼위일체 하나님은 모두 목적이 동일하시다. 하나님은 자기 자녀들과 친밀하게 관계하기를 간절히 원하신다. 세상과 연애할 때 우리는 하나님과 깊고 친밀한 관계를 저버리게 된다. 이것이 얼마나 비참한 상실인가! 또한 우리 아버지 하나님의 마음을 얼마나 아프시게 하는 것인가!

구원을 훨씬 넘어서는 계획

그동안 내가 깨달은 사실이 있다. 우리를 향한 하나님의 계획은 구원을 훨씬 넘어선다. 그러므로 구원받은 상태로 멈추어서는 안 된다. 그것만으로는 부족하다. 물론 우리가 받은 구원의 실체는 인간의 이해를 초월할 만큼 놀라운 것이다. 하지만 천국에 가는 것은 하나님이 우리에게 주시려는 모든 것의 출발점일 뿐이다. 하나님이 아들을 보내신 것은 또한 우리로 하여금 이 땅에서 놀라운 삶을 누리게 하기 위해서다. 그 이유가 무엇인가? 우리가 세상의 두려움과 욕심에 얽매여 있으면 하나님 나라를 제대로 진척시키기 어렵기 때문이다.

바울은 "경건은 범사에 유익하니 금생과 내생에 약속이 있느니라"(딤전 4:8)고 했다. 경건이라는 말에 주목하라. 하나님을 아는 사람만이 경건해질 수 있다. 경건이란 곧 하나님을 닮는 것이기 때문이다. 함께 지내지도 않는 사람을 닮기는 어렵다. 함께 시간을 자주 보내는 사람들을 닮게 마련이다. 그래서 야고보는 세상과 벗되지 말라는 말에 이어 이렇게 말했다.

하나님을 가까이하라 그리하면 너희를 가까이하시리라(약 4:8).

하나님은 당신과 함께 시간을 보내기 원하신다. 당신이 그분을 닮을 수 있도록 말이다. 우리는 하나님을 아는 친밀한 지식을 통해 경건해진다. 하나님과의 이런 깊은 관계는 오직 성령을 통해서만 가꿀 수 있다(고전 2장 참조).

흔히 신자들은 "세상과 벗이 되고자 하는 자는 스스로 하나님과 원수 되는 것이니라"는 말씀을 읽으면 즉시 세상과 완전히 담을 쌓으려 한다. 물론 이치에 맞지 않는 일이다. 교회가 인류와 단절되고서야 어떻게 세상을 얻을 수 있겠는가? 교회인 우리는 예수님을 귀감으로 삼아야 한다. 잃어버린 영혼들은 예수께로 마음이 끌렸다. 그분은 거리를 다니시며 세리와 창녀들과 교제하셨다. 세리와 창녀는 종교 지도자들에게 멸시당하던 사람들이었다. 예수님은 그들과 파티까지 벌이셨다. 하지만 그분은 뭔가 다르셨다. 우리는 세상 속에 살되 세상에 속한 자들이 아니다. 예수님은 그것의 의미를 보여 주신 최고의 모본이다. 그분은 종교적 열성파에게 배척당하는 사람들을 보며 마음 아파하셨고, '경건한' 부류에게 멸시당하는 사람들을 위해 혼신을 다하셨다. 그 이유가 무엇인가? 그들이 겸손하며 더 큰 목적에 굶주려 있음을 아셨기 때문이다. 그분이 그들의 파티에 가신 것은 그들과 똑같은 것을 추구해서가 아니라 그들에게 새로운 길을 보여 주시기 위해서였다.

마찬가지로 우리도 도덕적으로 타락하고 깨어진 사람들에게 다가가도록 부름 받았다. 교회가 아니면 누가 그리스도의 손발이 되겠는가? 교회인 우리만이 그리스도의 몸이다. 우리는 은혜의 위력으로 변화되어 이제 그리스도 안에 있다. 우리는 이 땅에서 그분의 대사로 일한다. 그분의 연장(延長)이며 대리인이라는 뜻이다. 하나님의 진리와 빛을 들고 세상으로 갈 사람은 우리밖에 없다.

깊이 사귀면 하나님께 충성한다

예수께서 대답하시되 첫째는 이것이니 이스라엘아 들으라 주 곧 우리 하나님은 유일한 주시라 네 마음을 다하고 목숨을 다하고 뜻을 다하고 힘을 다하여 주 너의 하나님을 사랑하라 하신 것이요(막 12:29-30).

주 되신 성령은 우리를 뜨겁게 사랑하시며 우리의 배타적인 사랑을 원하신다. 그분은 우리가 세상이나 그 속의 무엇에도 애정이나 애착을 갖기를 원하지 않으신다. 그분은 이렇게 말씀하신다.

세상의 방식을 사랑하지 마십시오. 세상의 것을 사랑하지 마십시오. 세상을 사랑하는 마음이 아버지를 사랑하는 마음을 밀어냅니다. 세상에서 통용되는 모든 것(자기 마음대로 살려 하고, 모든 것을 자기 뜻대로 하려 하고, 잘난 체하는 욕망)은, 아버지와 아무 상관이 없습니다. 그런 것은 여러분을 그분께로부터 고립시킬 뿐입니다. 세상과 세상의 멈출 줄 모르는 욕망도 다 사라지지만, 하나님이 바라시는 일을 행하는 사람은 영원히 남습니다(요일 2:15-17, 메시지).

- 현재 당신이 충성하는 대상은 무엇인가? 정직하게 자신을 성찰해 보라. 이런 질문들을 던져 보라.

- 내 시간과 관심의 가장 많은 부분을 차지하는 것은 누구 또는 무엇인가? 나는 자유 시간에 무엇을 하며 보내는가?

- 나를 신나게 하는 것은 누구 또는 무엇인가? 첨단기기와 유행 따위가 내 삶에서 너무 큰 자리를 차지하고 있지는 않은가?

- 나는 어떤 것들에 돈을 쓰고 있는가?

- 내가 가장 많이 생각하는 것은 무엇인가? 자주 말하는 것은 무엇인가? 주로 하는 기도 제목은 무엇인가?

- 우리가 하는 말을 보면 충성의 대상을 알 수 있다. 예수님은 우리 마음에 가득한 것이 입으로 나온다고 말씀하셨다(눅 6:45 참조). 위의 질문들에 대한 당신의 답을 검토해 보라. 성령께 이렇게 여쭈어 보라. "저의 삶에 우상이 된 것이 있습니까? 제가 주님보다 더 열심히 추구하는 것이 있습니까?" 성령께서 뭐라고 답하시는가? 충성의 대상을 그분으로 바꾸기 위해 조치를 취하라고 감화하시는 내용은 무엇인가? 마태복음 6: 19-21과 골로새서 3:1-17에 나오는 하나님의 말씀을 묵상하고 성령께 헌신의 기도를 글로 써 보라.

깊은 관계는
믿음으로 이루어진다

그동안 내가 성령과 동행하면서 깨달은 사실이 있다. 성령은 신사이시다. 그분은 절대로 우리에게 자신의 뜻을 강요하시지 않는다. 우리 쪽에서 관계를 거부하면 성령은 침묵하신다.

나는 강사로서 25년 이상을 여러 나라를 돌아다녔다. 그동안 공항으로 나를 마중 나온 운전자들에게서 한 가지 공통점을 발견했다. 그들은 늘 나의 숙소와 설교 시간에 관한 정보를 자세히 알려 주었고 친절하게 필요한 도움을 주었다.

하지만 그들은 대체로 내가 먼저 말을 걸지 않는 한 먼저 말을 거는 법이 없었다. 각 교회의 담임목사들이 그렇게 지시했는지도 모른다. 아마도 내가 차를 타고 가는 동안 예배를 준비하거나 다른 무언가를 할 것이라 생각해서 방해하지 않으려는 의도일 것이다. 나는 지난 시간 동안 종의 마음으로 헌신하는 훌륭한 운전자들을 많이 만났고 그들에게 깊이 감사한다. 그래서 나는 어떤 운전자를 만나든 그의 가정에 대해 그리고 교회와의 관계에 대해 묻는다. 내가 먼저 말을 걸지 않으면 차를 타고 이동하는 내내 의미 있는 대화를 전혀 나눌 수 없기 때문이다.

나는 성령께도 비슷한 속성이 있다고 본다. 우리가 먼저 그분의 음성을 들을 자세를 취하지 않는 한 그분은 우리를 끌어들이시지 않는다. 우리 쪽에서 그분을 끌어들이지 않으면 그분은 대개 조용하시다. '우리가 하나님을 가까이해야 그분이 우리를 가까이하신다' 한 야고보의 말을 잊지 말라. 성령과의 황홀한 교제 속으로 의지적으로 들어가야 한다. 교제의 첫발을 내딛을 책임이 우리에게 있다. 요컨대 당신은 이미 사상 최고의 초청을 받은 상태다. 이제 당신이 행동을 취할 차례다.

많은 신자들이 이 진리를 모르는 까닭에 종종 이런 말을 한다. "왜 하나님은 나에게 말씀하시지 않죠?" "하나님은 나에게 몇 년째 말씀이 없으셔요." 과연 이들은 성경의 지시에 따라 하나님과 교제하기 위해 힘쓰고 있을까? 하나님과 가까워지려면 그분을 알아 가려는 노력이 필요하고, 그분을 알아 가려면 그분의 영과 사귀는 데 힘써야 한다.

당신에게 다시 한 번 권한다. 성령과 교제하기를 힘쓰라. 당신이 그분과 친밀해지려 애쓸 때 그분은 놀라운 반응으로 당신을 감동시킬 것이다. 나를 마중 나왔던 많은 운전자들처럼 성령도 당신이 그분과 교제를 하든 말든 당신과 함께 계신다. 결코 당신을 버리거나 떠나지 않기로 약속하셨기 때문이다(히 13:5 참조). 하지만 당신이 그분을 끌어들이지 않으면 그분은 대체로 침묵을 지키신다. 그러면 당신은 성령과 교제하는 유익이나 삶 속에 충만하게 표현되는 성령의 임재를 결코 누릴 수 없다.

하나님의 깊은 것

요한복음 16장을 다시 보자.

> 내가 아직도 너희에게 이를 것이 많으나 지금은 너희가 감당하지 못하
> 리라 그러나 진리의 성령이 오시면 그가 너희를 모든 진리 가운데로
> 인도하시리니 그가 스스로 말하지 않고 오직 들은 것을 말하며 장래
> 일을 너희에게 알리시리라 그가 내 영광을 나타내리니 내 것을 가지고
> 너희에게 알리시겠음이라 무릇 아버지께 있는 것은 다 내 것이라 그러
> 므로 내가 말하기를 그가 내 것을 가지고 너희에게 알리시리라 하였노
> 라(요 16:12-15).

이것은 예수님이 십자가에 달리시기 전에 제자들과 마지막으로 함께
시간을 보내면서 하신 말씀이다. 그날 밤 예수님은 로마 군인들에게 끌
려가서 사형선고를 받으셨다. 그러니 지금은 당연히 중요한 말씀을 하셔
야 할 순간이었다.

보다시피 예수님은 "내가 아직도 너희에게 이를 것이 많으나 지금은
너희가 감당하지 못하리라"(12절)고 하셨다. 제자들에게 예수님은 전부
였다. 가족과 친구와 생업을 버리고 몇 년째 예수님을 따라다니던 그들
이었다. 제자들은 예수님의 말씀을 듣고 아마 이런 생각을 했을 것이다.
'도대체 어찌해야 사건의 전말을 알 수 있단 말인가?'

그런데 그 순간 예수님은 희한한 약속을 하셨다 "진리의 성령이 오시
면 그가 너희를 모든 진리 가운데로 인도하시리니"(13절). 다시 말해서
"비록 내가 지금 몸으로 너희와 함께 있으나 너희에게 모든 것을 줄 수
가 없다. 너희가 받아들일 수 없기 때문이다. 하지만 내가 너희에게 성령

을 보낼 것이다. 성령은 내 말을 하고 내 뜻을 알려 줄 것이다. 너희를 장래 일에 준비시키실 것이다." 얼마나 놀라운 약속인가!

하나님은 우리에게 멀찍이 거리를 두시지 않는다. 오히려 정반대다. 우리는 누구나 자신이 사랑하는 사람들에게 친밀하게 알려지기를 원한다. 하나님도 마찬가지다. 예수님이 지상에서 사실 때는 인간의 곁으로 가까이 오신 아버지의 형상 자체였다(히 1:1-3; 골 1:15-19 참조). 하지만 알다시피 지금 예수님은 하늘에서 아버지의 오른편에 계신다. 삼위일체 하나님 중에서 지금 이 땅에서 하나님의 사람들과 함께 사시고 그들 안에 거하시는 분은 성령이다. 그러므로 하나님의 깊은 것을 알려면 진리의 영이신 성령을 알아야 한다.

의심 많은 도마

예수님이 죽은 자들 가운데서 살아나신 후에 열 제자가 방 안에 있고 문은 잠겨 있었다. 그때 갑자기 예수님이 나타나셨다. 제자들은 완전히 충격과 경악에 휩싸였다. 예수님이 그들에게 자신이 유령이 아님을 납득시키셔야 할 정도였다. 열 제자는 그분의 기적적인 부활을 기뻐했고 그 사건을 나중에 도마에게도 들려주었다. 마침 그 자리에 없었던 도마는 제자들의 말을 전해 듣고는 이 유명한 말을 남겼다. "내가 그의 손의 못 자국을 보며 내 손가락을 그 못 자국에 넣으며 내 손을 그 옆구리에 넣어 보지 않고는 믿지 아니하겠노라"(요 20:25).

며칠 후 열한 제자가 모두 방 안에 함께 있을 때 예수님이 다시 나타나셨다. 예수님은 어떤 말도 행동도 하지 않고 먼저 도마부터 보셨다. 마치 "좋다, 도마야. 이 불신의 문제부터 해결하고 넘어가자"고 하시는 듯했다. 예수님은 "네 손가락을 이리 내밀어 내 손을 보고 네 손을 내밀어 내 옆구리에 넣어 보라 그리하여 믿음 없는 자가 되지 말고 믿는 자가 되라"(요 20:27)고 말씀하셨다. 그러자 도마는 "나의 주님이시요 나의 하나님이시니이다"고 반응했다. 그런 후 예수님이 하신 말씀을 들어 보라.

너는 나를 본 고로 믿느냐 보지 못하고 믿는 자들은 복되도다(요 20:29).

다시 말해 이렇게 말씀하시는 것이다. "도마야, 보지 않고도 믿는 복된 사람들의 무리가 있다." 한때 나는 이 대목에서 이런 생각을 했다. '예수님, 이건 좀 심합니다. 도마는 이미 바닥에 엎드려 있습니다. 분명히 괴로웠을 겁니다. 회개하고 있습니다! 그런데 주님은 도마를 보시며 "보지 못하고 믿는 자들은 복되도다"고 하십니다.' 나는 예수님이 도마에게 왜 이렇게 가혹하신지 이해가 되지 않았다. 그러던 어느 날 주님께서 나에게 말씀하셨다. "나는 도마를 책망한 게 아니라 사실을 진술했을 뿐이다. 성령으로 나를 아는 사람들이 누릴 친밀함의 수준이 물리적 차원에서 나를 아는 수준보다 훨씬 깊다."

깊은 친밀함은 믿음으로 이루어진다

그렇다면 예수님은 정확히 무슨 뜻으로 도마에게 그렇게 말씀하셨을까? 여기에 답하려면 먼저 설명해야 할 것이 있다. 더 깊은 친밀함은 보는 것으로 이루어지지 않고 믿음으로 이루어진다.

관계에는 세 가지 차원이 있다. 육체적 차원과 정신적 차원, 영적 차원이다. 가장 낮고 피상적인 차원은 본능적 또는 육체적 차원이다. 많은 연인 관계가 여기서 시작된다. '저 여자 예쁘다'든지 '저 남자 잘생겼으니 한번 사귀어 봐야겠다'는 생각에서 시작되는 것이다. 불행히도 많은 커플들이 이 차원의 관계에서 결혼을 한다. 그들이 이 차원에서 결혼하는 이유는 대개 이런 식이다. '우리는 사이가 썩 좋지 않다. 대화도 거의 없고 이런저런 이슈나 공통 관심사에 대한 소통도 없다. 하지만 내가 이 사람에게 매력을 느끼고 있으니까 그런 것쯤은 무시할 수 있다.' 이처럼 많은 커플들이 정신적 차원이 충분히 개발되지 못한 채로 결혼을 한다. 그러나 결혼식과 신혼여행이 끝나는 순간 현실의 삶이 시작된다. 그러므로 이런 커플들이 알아 둬야 할 사실이 있다. 바로 지금부터라도 서로 더 깊은 차원의 친밀함을 가꾸어 가야 한다는 것이다. 그렇지 않으면 결혼 생활이 비참해진다. 부부가 더 깊은 소통을 위해 함께 힘쓰지 않는다면 남자는 남자대로 여자는 여자대로 각자 살아가게 될 것이다. 이는 결코 하나님이 의도하신 결혼생활이 아니다.

관계의 그 다음 차원은 정신적 또는 성격적 차원이다. 다윗과 요나단의 관계가 이 차원의 관계였다. "요나단의 마음이 다윗의 마음과 하나가 되어 요나단이 그를 자기 생명같이 사랑하니라"(삼상 18:1). 요나단이 죽자 다윗은 이렇게 슬퍼했다. "내 형 요나단이여 내가 그대를 애통함은 그대는 내게 심히 아름다움이라 그대가 나를 사랑함이 기이하여 여인의 사랑보다 더하였도다"(삼하 1:26). 다윗은 지금 변태적인 육체관계를 말하는 게 아니다. 둘 사이에 육체적 끌림은 당연히 없었다. 그들의 소통은 정신적 소통이었을 뿐이다. 하지만 그들은 단순한 육체관계(다윗이 말한 '여인의 사랑'이 그런 뜻이다)보다 훨씬 깊은 결속을 이룰 수 있었다.

정신적 차원이 결혼생활의 토대가 되어야 한다. 그렇다고 내 말을 오해하지는 말라. 관계의 육체적 측면도 매우 중요하다. 나는 아내에게 한없는 매력을 느낀다. 아내는 나에게 세상에서 가장 아름다운 여인이다. 하지만 부부관계에서 이루어져야 하고 이루어질 수 있는 훨씬 깊은 차원들이 있다. 사실 나는 리자의 아름다운 외모보다 성격에 더 마음이 끌린다.

안타깝게도 나는 온라인에서 만난 이성 때문에 배우자를 버린 남녀의 이야기를 수도 없이 들었다. 몇 년 전 어느 교회에서 설교했을 때다. 예배 후에 한 신사가 내게 다가왔는데, 그는 여섯 명의 어린 아이들에 둘러싸여 있었다. 아이 둘은 그의 품에 안겨 있었고, 또 다른 둘은 그의 다리를 잡고 있었고, 나머지 둘은 현관을 뛰어다니고 있었다. 그의 표정이 하도 우울해 보여서 "선생님, 괜찮으십니까?" 하고 물었다. 그는 "괜찮지 못합니다. 오늘 아내가 나와 여섯 아이를 두고 인터넷에서 만난 남자한테 가 버렸습니다" 하고 말했다. 그 남자의 아내와 딴 남자의 '정신적' 관계는 결혼한 지 오랜 남편을 두고 선뜻 떠날 정도로까지 발전했던 것이다. 두 사람의 정신적 유대가 얼마나 강했으면 자식에 대한 모성애까지 저버렸겠는가?

정신적 차원의 관계에는 육체관계가 거의 혹은 전혀 필요 없을 때가 많다. 거리상 멀리 떨어진 커플들이 결혼해서 오히려 최고의 결혼생활을 영위하는 것을 종종 본다. 그들은 육체적 끌림으로 인한 방해를 받지 않고 정신적 소통에 집중했기 때문이다.

관계의 가장 깊은 차원

관계의 가장 높거나 깊은 차원은 영적 차원이다. 예수님이 도마에게 지적하신 내용이 바로 이 차원이다. 바울은 "사람의 일을 사람의 속에 있는 영 외에 누가 알리요"(고전 2:11)라고 말했다. 다시 말해 상대의 영과 통하지 않는 한 그 사람의 진짜 생각이나 동기를 알 수 없다는 뜻이다.

이미 말했지만 리자와 나는 최근에 결혼 30주년을 맞아 둘만의 시간을 보냈다. 특히 수영장 옆에 앉아 하나님의 일에 대해 의논하던 시간이 가장 소중한 추억으로 남아 있다. 리자와 나는 이 메시지에 대해서도 오랜 시간 대화를 나누었다. 내가 하나님께 받은 생각을 나누면 아내는 지혜롭고 통찰력 있는 반응을 보였고, 그러면 성령께서 내게 이미 가르쳐 주신 내용이 더욱 명료해졌다. 우리는 둘 다 성령과 친밀한 사이이므로 깊은 영적 차원에서 소통할 수 있다.

리자와 내가 함께 기도하는 주된 이유 중 하나도 그것이다. 기도는 우리를 영적으로 이어 준다. 우리가 성령의 일을 중심으로 함께 교제하기 때문이다. 비슷한 이유에서 우리는 메신저 인터내셔널의 직원들에게 날마다 일과를 시작하기 전에 15분씩 합심기도를 하게 한다. 팀 전체가 영적으로 이어져 있기를 원하기 때문이다. 이 기도 시간이 직원들의 관계에 미치는 영향을 보면 정말 놀랍다. 다른 모든 관계에도 마찬가지다. 말씀과 기도를 중심으로 교제하면 가장 깊은 차원의 관계로 발전하게 된다. 영적으로 소통하는 교제이기 때문이다.

참된 영적 교제는 영적인 일에 대한 지적 토의와는 다르다. 어떤 사람들은 성경에 대해 말한다면서 단지 정보만 나열할 때가 있다. 그들의 말을 듣고 있노라면 따분해지고 심지어 피곤해진다. 왜 그런가? 그들은 영으로 말하는 게 아니라 머리로 말하기 때문이다. 반면에 영적인 일에 대해 영으로 말하는 사람들이 있다. 그런 사람들과는 몇 시간씩 대화해도 지치지 않는다. 서로 영적 차원에서 통하기 때문이다.

깊은 관계는 믿음으로 이루어진다

하나님께서 우리 삶에 들어오시고 우리가 그분을 닮아 갈 때, 우리는 메시아를 꼭 닮은 형상으로 변화되고 우리 삶은 점점 더 밝아져서 보다 아름다워질 것입니다(고후 3:18, 메시지).

예수님은 전지하신 분이므로 제자들에게 많은 진리를 나누어 주실 수도 있었지만, 그들이 아직 이해하지 못하리라는 것을 아셨다. 그들에게는 성장할 시간이 필요했다. 그래서 예수님이 죽으시고 부활하여 승천하신 후에 아버지께서 성령을 보내셔서 우리를 성령의 은혜로 점차 자라가게 하셨다. 말씀에 따르면, 우리는 한 차원에서 다른 차원의 믿음으로 점차 자라 가며, 한 차원에서 다른 차원의 영광으로 점차 예수님을 닮아간다.[3] 이 과정에서 우리가 해야 할 몫이 있고 성령께서 하실 몫이 있다.

19세기 후반 유명한 설교자였던 찰스 스펄전(Charles Spurgeon)은 다양한 주제로 왕성하게 글을 쓴 사람이다. 그중 성령과 영적 성장에 대해 그는 이렇게 말했다.

"우리는 스스로 할 수 없는 일을 예수님께 맡긴다. 우리 힘으로 할 수 있다면 그분을 의지해야 할 까닭이 무엇인가? 믿는 일은 우리의 몫이지만 우리를 새롭게 창조하시는 일은 주님[성령]의 몫이다. 그분이 우리 대신 믿어 주지 않으시듯이 우리도 그분 대신 중생을 이루어 낼 수 없다. 우리는 은혜로운 명령에 순종하는 것으로 족하다. 우리 안에서 새 생명을 지으시는 일은 주님이 알아서 하신다."[4]

- 무조건 '나는 영적으로 더 성숙해야 한다'고 생각하지 말라. 오히려 그것은 당신에게 죄책감을 주고 영적 힘을 고갈시킬 뿐이다. 이렇게 기도하라. "성령님, 당신이 보시기에 지금 저는 어떤 상태입니까? 저는 영적으로 어느 수준입니까?" 그분이 어떻게 말씀하시는가?

- 우리는 관계를 맺고 살도록 지음 받았다. 하나님 아버지와의 관계도 있고 사람들과의 관계도 있다. 관계들을 주신 하나님께 감사하라! 철이 철을 날카롭게 하듯이 좋은 친구는 정신적, 정서적, 영적으로 우리를 빛나게 한다. 당신이 관계를 더 깊이 가꾸고 싶은 대상들이 있는가? 잠시 "성령님, 제 삶에 허락하신 사람들과 더 깊은 영적 관계를 가꾸려면 어떻게 해야 합니까?"라고 기도하라. 성령께서 말씀해 주시는 내용을 경청하고 기록하라.

성령님이
영적 관계의 열쇠이다

이번에는 고린도전서 2장 11절 전체를 보자.

사람의 일을 사람의 속에 있는 영 외에 누가 알리요 이와 같이 하나님
의 일도 하나님의 영 외에는 아무도 알지 못하느니라.

여기 '일'로 번역된 헬라어 단어를 가장 정확하게 정의하면 '존재의
상태 또는 기질'이 된다. 따라서 바울의 말은 이런 뜻이 된다. "누구든
지 하나님의 영을 모르고는 그분의 참 '기질'(그분의 깊은 심중)을 알 수 없
다." 여기서 '안다'는 말은 피상적 지식보다 훨씬 깊은 이해를 뜻한다. 피
상적 지식은 거의 혹은 전혀 노력하지 않고도 얻을 수 있다. 예를 들어
모든 미국인은 미국의 대통령이 누구인지 안다. 그러나 대부분의 사람들
은 대통령과 인격적 관계가 없다. 그의 가장 깊은 갈망과 동기와 진짜 신

념을 모른다. 마찬가지로 하나님의 영을 통해 하나님을 만나지 않으면 우리는 그분에 대한 '상식' 이상을 알 수 없다.

바울은 계속해서 "우리가 세상의 영을 받지 아니하고 오직 하나님으로부터 온 영을 받았으니 이는 우리로 하여금 하나님께서 우리에게 은혜로 주신 것들을 알게 하려 하심이라"(고전 2:12)고 했다. 얼마나 놀라운 말인가. 하나님의 영 외에는 아무도 하나님의 일을 알 수 없다(11절). 그런데 하나님이 우리에게 그분의 영을 주셨다! 성령과의 관계를 통해 이제 우리는 관계의 가장 깊은 차원인 영적 차원에서 창조주와 친밀하게 지낼 수 있다.

바울도 성령과의 관계에서 그 차원에 이르렀다. 그는 예수님과 몸으로 동행한 적이 없으나 이렇게 말했다. "형제들아 내가 너희에게 알게 하노니 내가 전한 복음은 사람의 뜻을 따라 된 것이 아니니라 이는 내가 사람에게서 받은 것도 아니요 배운 것도 아니요 오직 예수 그리스도의 계시로 말미암은 것이라"(갈 1:11-12). 예수님은 어떤 방법으로 바울에게 계시되었는가? 바울이 분명히 말했듯이 이 계시는 사람에게서 온 것이 아니다. 그는 사람에게서 계시를 받지도 않았고 그렇다고 예수님과 몸으로 시간을 보낸 적도 없다. 그렇다면 그는 이 계시를 그리스도의 영(성령)을 통해 받았을 수밖에 없다.

바울은 구주 예수님과 몸으로 동행한 적이 없기에 오히려 그분과의 관계가 더 깊어졌을 수 있다. 베드로는 예수님과 몸으로 함께 지낸 사람이다. 그런 그가 생애 말년에 쓴 편지에서 이렇게 말했다. "우리가 사랑하는 형제 바울도 그 받은 지혜대로 너희에게 이같이 썼고 또 그 모든 편지에도 이런 일에 관하여 말하였으되 그중에 알기 어려운 것이 더러 있으니"(벧후 3:15-16). 베드로는 몇 년 동안 매일 예수님과 대면하여 대화했던 사람이다. 그는 예수님이 산에서 영광스럽게 변하실 때도 함께 있었고, 십자가에 달리실 때도 목격했고, 나중에 부활하신 후에도 그분을 보고 교제했다. 이렇게 수년간 예수님과 몸으로 함께 지낸 제자가 바울이 성령으로부터 받은 계시 중 이해하기 어려운 부분이 있다는 것이다.

바울은 예수님과 몸으로 동행한 적이 없는데도 성령의 감화로 신약성경의 가장 많은 책을 썼다. 그것이 어떻게 가능했겠는가? 성령이 예수님을 충만하게 계시하시는 분이기 때문이다. 예수님의 말씀을 잊지 말라. "내가 아직도 너희에게 이를 것이 많으나 지금은 너희가 감당하지 못하리라 그러나 진리의 성령이 오시면 그가 너희를 모든 진리 가운데로 인도하시리니"(요 16:12-13). 모든 진리 가운데로 인도하신다는 말은 충만한 계시를 주신다는 뜻이다. 바울은 자신의 믿음의 기초를 이전에 예수님과 몸으로 함께 지내던 일에 둘 수 없었다. 그런 적이 없기 때문이다. 그는 보지 않고도 믿어야 했다. 사실은 그 덕분에 오히려 육체적 측면으로부터 자유로울 수 있었다. 육체적 측면은 오히려 성령께서 보여 주시려는 내용에 맞서 싸울 수도 있기 때문이다. 예수님이 도마와 대화하실 때 지적하신 것이 바로 그 부분이다. 바울은 예수님을 몸으로 접한 적이 없으므로 거기에 의존할 수 없었다. 따라서 그는 주님을 대할 때 영적인 관계에 전적으로 의지해야 했다. 다른 방도가 없었다.

바울처럼 당신과 나에게도 그런 기회가 주어졌다. 예수님과 몸으로 함께 지냈다면 그분에 대한 잘못된 선입관이 생겼을지도 모른다. 하지만 우리는 그런 갈등의 소지가 전혀 없이 예수님을 따를 수 있다. 우리는 그분을 보았을 때보다 차라리 보지 않음으로써 그분과 더 가까워질 수 있다. 정말 멋진 진리다. 예수님과 몸으로 동행할 수 없기에 우리는 우리 안에 사시는 그리스도의 영을 통해 그분과 교제해야 한다. 그리하여 하나님과 깊은 영적 관계를 가꾸어야 한다. 얼마나 놀라운 일인가!

가장 깊은 차원에서 그분을 경험하라

하나님은 우리의 육신이 아직 구속(救贖)되지 못한 상태임을 아신다. 우리의 영은 이미 구속되어 예수님의 형상과 모습이 똑같아졌다(요일 4:17 참조). 우리의 정신은 지금 구속되는 과정에 있다(약 1:21 참조). 하지만 우리의 물리적 몸은 아직 구속을 경험하지 못했다.

알다시피 우리는 매사에 얼마나 쉽게 싫증을 내는가? 어떤 사람은 새 자동차를 산 지 불과 일주일도 안 돼 싫증을 낸다. 이것이 구속되지 못한 육체의 본성이다. 육체는 거의 깊이가 없을뿐더러 수명도 짧아 곧 지나가 버린다. 그래서 선하신 하나님은 이렇게 말씀하신다. "내 사람들에게 나를 육체적으로 계시하지 않겠다. 내 영을 통해 나와 교제할 길을 마련해 주겠다. 그래야 그들이 참으로 나를 알 수 있다." 이것은 다시 말하면 이런 말씀과 같다. "나는 내 사랑하는 사람들과 거리상으로 멀리 떨어져 관계를 맺겠다. 그래야 그들이 참으로 내 심중을 알 수 있다."

교회인 우리는 그리스도의 신부다. 지금 하나님은 그분과의 감격스러운 결혼을 위해 우리를 준비시키시는 중이다. 물리적 차원에서 그분을 알기 전에 가장 깊은 차원인 영적 차원에서 그분을 알아 가게 하시는 중이다. 그래서 바울은 나중에 "그러므로 우리가 이제부터는 어떤 사람도 육신을 따라 알지 아니하노라 비록 우리가 그리스도도 육신을 따라 알았으나 이제부터는 그같이 알지 아니하노라"(고후 5:16)고 썼다. 우리는 성령을 통해 예수님을 안다. 성령은 살아 계신 하나님의 영이시다. 과거 그리스도께서 육체로 나타나셔서 사시던 때가 있었다. 그러나 지금은 그분이 더 이상 몸으로 이 땅에 계시지 않으므로 우리에게 성령을 통해 그분을 알 수 있는 기회가 주어졌다.

성령과 교제하지 않으면 성자를 알 수 있는 기회조차 저버리게 된다. 성령은 하나님의 마음과 생각 속에 있는 모든 것을 살펴서 우리에게 예수님을 계시해 주신다. 하나님과의 관계가 깊어지기 원한다면 그분에 대한 피상적 지식을 넘어 그분의 참 정체를 발견하는 여정에 들어서야 한다. 이 여정은 성령과의 교제를 통해서만 가능하다. 그래서 우리는 하나님의 영원한 말씀에 근거하지 않은 성령에 대한 모든 전통(관습적 사고방식)을 받아들일 수 없다. 착각이나 편견이나 부정적 경험 때문에 성령을 잘못 안다면 우리 삶 속에서 하나님의 영광스러운 임재라는 충만한 약속을 누릴 수 없다. 하나님의 영을 떠나서는 하나님을 알 수 없다.

당신이 원하고 느끼는 것이 성령께서 원하고 느끼시는 것과 같아지는 자리가 있다. 당신도 성령과의 관계에서 그 자리에 도달할 수 있다. 관계의 가장 깊은 차원인 영적 차원을 당신도 누릴 수 있다. 그 차원에서 당신은 어떤 인간과도 경험할 수 없는 친밀함을 경험하게 된다. 하지만 성령과 친밀해지려면 먼저 그분이 누구인지 알아야 한다. 그분을 어떻게 알 수 있는가? 그분의 말씀을 읽고 그분의 임재 안에서 시간을 보내면 된다. 하나님은 당신을 가까이하기 원하신다. 당신이 첫발을 떼어 그분을 가까이하기만 하면 된다.

잠시 시간을 내서 다음 말씀을 묵상해 보라. 성령께 당신의 마음속에서 역사하실 기회를 드리라. 그동안 하나님의 임재를 경험하지 못하게 당신을 방해하던 모든 사고방식(수건)을 벗겨 달라고 기도하라. 수건이 벗겨지면 그분을 전에 없이 똑똑히 볼 수 있다. 그분의 얼굴을 바라보라. 즉 그분의 친밀한 친구로서 단둘이 질적인 시간을 보내라. 그러면 그분이 당신을 그분의 형상대로 변화시켜 주신다. 사도 바울의 이 말로 이번 장을 마친다.

그러나 언제든지 주께로 돌아가면 그 수건이 벗겨지리라 주는 영이시니 주의 영이 계신 곳에는 자유가 있느니라 우리가 다 수건을 벗은 얼굴로 거울을 보는 것같이 주의 영광을 보매 그와 같은 형상으로 변화하여 영광에서 영광에 이르니 곧 주의 영으로 말미암음이니라(고후 3:16-18).

성령님이 영적 관계의 열쇠이다

> 너는 네 아버지의 하나님을 알고 온전한 마음과 기쁜 뜻으로 섬길지어
> 다(대상 28:9).

하나님이 추구하는 가장 큰일은 우리를 친밀하게 아시는 것이다. 그
분은 자기와 함께 살자고 우리를 초대하신다. 이보다 더 감격스러운 초
대가 있을까? 바울은 이렇게 고백했다. "또한 모든 것을 해로 여김은 내
주 그리스도 예수를 아는 지식이 가장 고상하기 때문이라 내가 그를 위
하여 모든 것을 잃어버리고 배설물로 여김은 그리스도를 얻고"(빌 3:8).

잔느 귀용(Jeanne Guyon)은 예수 그리스도를 깊이 체험하기를 간절히
열망했다. 17세기의 이 프랑스 여성은 존 웨슬리, 허드슨 테일러, 워치만
니 같은 영적 거장들에게 영향을 끼쳤다. 친밀함에 관해 그는 이렇게 말
했다.

> "당신에게 묻겠다. …당신은 주님을 깊이 알려는 열망이 있는가? 하나
> 님이 그런 경험, 그런 동행을 당신에게 가능하게 하셨다. 그것을 가능
> 하게 하시려고 그분은 구원받은 모든 자녀에게 은혜를 베푸셨다. 성령
> 을 통해 그 일을 하셨다. 당신이 주님께 나아가 그분을 깊이 알려면 어

떻게 해야 하는가? 기도가 열쇠다."[5]

• 이제 당신은 하나님을 친밀하게 아는 것과 관련하여 기도를 어떻게 묘사하겠는가? 예수님의 기도(마 6:5-15)를 주의 깊게 읽으라. 당신이 삶에 적용할 수 있는 것은 무엇인가?

• 우리가 하나님을 가장 친밀하게 알 수 있는 길은 성령을 통해서다. 잠시 멈추어 기도하라. "성령님, 저에게 성령님에 대한 착각이나 나쁜 경험이나 편견이 있습니까? 그런 것들 때문에 제가 성령님을 왜곡하고 잘못 알고 있는 게 있습니까?" 가만히 경청하라. 그분의 임재를 경험하지 못하게 당신을 방해하는 모든 사고방식을 없애 달라고 기도하라. 성령께서 알려 주시는 내용을 기록하라.

소그룹을 위한 토의 질문 3

1. 예수님은 바리새인들이 인간의 전통 때문에 하나님 말씀의 권위를 저버렸다고 말씀하셨다. 인간의 전통에는 어떤 것들이 있으며, 그것은 왜 우리와 창조주의 교제에 방해가 되는가? 인간의 전통 때문에 하나님 말씀의 진리를 저버리는 오늘날의 사례를 최소한 한 가지 들어 보라.

2. 성령은 우리와 절친한 친구가 되기를 사모하시며 우리와 친밀한 사귐을 갖고자 시기하신다. 당신이 보기에 세상의 어떤 것들이 교회(신자들)의 관심과 애정을 성령으로부터 빼앗아 가는 것 같은가? 우리가 세상과 연애하며 세상의 쾌락과 소유와 지위를 성령과의 교제보다 더 탐한다면 어떤 결과가 나타나겠는가?

3. 요한복음 20장 29절에서 예수님이 도마에게 가르쳐 주신 교훈은 무엇인가? 이 진리는 고린도후서 5장 16절에서 사도 바울을 통해 주신 하나님의 말씀과 어떻게 연관되는가? 이 진리 덕분에 우리와 주님의 친밀한 교제는 어떻게 더 나아지는가?

4. 사람들과의 사이에서 누릴 수 있는 관계의 세 가지 차원이 무엇인지 말하고 설명해 보라. 가장 깊은 차원은 무엇이며 왜 그런가? 어떻게 우리는 사람들과 그 차원에서 소통할 수 있는가?

5. 성령 안에서 우리에게 주어진 엄청난 선물이 있다. 바로 하나님을 친밀하게 아는 능력이다. 고린도전서 2장 11-16절을 주의 깊게 읽어 보라. 하나님을 참으로 아는 일에 대해 성령께서 이 본문을 통해 하시는 말씀은 무엇인가?

6. 베드로를 비롯한 제자들은 누구도 경험할 수 없는 일을 경험했다. 그들은 예수님과 대면하여 사귀었다. 반면에 바울은 그런 경험을 하지 못했는데도 하나님께 강력하게 쓰임 받았다. 어떻게 그것이 가능했는가?

리더 지침 요한복음 20:29, 고린도후서 5:16, 베드로후서 3:15-16을 찾아보라.

7. 성령과의 교제에 힘쓰지 않는다면 우리와 하나님의 관계는 어떻게 되겠는가? 그동안 당신이 성령과 소통하며 놀라운 사귐을 경험할 수 있었던 실제적인 방법들이 있는가? 원한다면 그것을 그룹에서 나누어 보라.

어떤 사람에게는 능력 행함을, 어떤 사람에게는 예언함을, 어떤
사람에게는 영들 분별함을, 다른 사람에게는 각종 방언 말함을,
어떤 사람에게는 방언들 통역함을 주시나니 이 모든 일은 같은
한 성령이 행하사 그의 뜻대로 각 사람에게 나누어 주시는 것
이니라(고전 12:10-11).

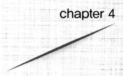

chapter 4

"네게 능력을 주고 싶단다"

성령님은 하나님의 뜻을 이루게 하신다

하나님의 일에는
능력이 필수다

잠시 중세의 왕을 상상해 보라. 성채와 망루, 기사와 시녀, 전투와 왕권, 왕의 영광 등 그를 둘러싼 환경을 머릿속에 그려 보라. 흔히 왕위와 왕족의 혈통은 신이 정해 준 것으로 통했다. 따라서 왕은 신민들의 지극한 공경을 받으며 한없이 부유하게 살았다. 왕의 말은 곧 법으로 통했고 왕이 한 번 판결을 내리면 그것으로 끝이었다. 왕은 자국의 영토 안에 사는 사람들을 보호할 책임이 있었다. 선한 왕은 그것을 알았다. 또한 왕은 국경을 넓히고 자원을 확보하여 나라를 부강하게 만들 책임도 있었다.

왕의 신분에 걸맞은 엄청난 책임이 뒤따르는 만큼 왕에게는 특단의 권력이 주어졌다. 그것은 때로 절대 권력이었다. 지금 우리는 상징적 왕위를 말하는 게 아니다. 민주정과 공화정이 보편적 정부 형태인 우리 시대에는 왕이 있다 해도 대개 상징적 존재일 뿐이다. 하지만 지금 언급한 왕은 절대 군주다. 그런데 이런 왕이 왕위에 따라오는 권력을 거부하거나 전혀 모르고 있다고 상상해 보라. 나라가 어찌되겠는가? 머잖아 나라가 정복당해서 국민은 노예가 되고 자원은 몰수될 것이다. '왕'은 왕위에 앉아 있는 것만으로는 안 된다. 왕궁에 거하며 풍족한 생활방식을 누리는 것만으로는 안 된다. 왕은 왕의 역할을 다해야 하며 그것은 왕의 권력을 통해서만 가능하다. 왕이 왕권을 사용할 줄 모르면 그 신분에 따른 권세조차 무용지물이 되고 만다.

우리는 하나님의 자녀로서 그리스도와 공동 상속자가 되었다. 로마서에 보면 "자녀이면 또한 상속자 곧 하나님의 상속자요 그리스도와 함께 한 상속자니"(롬 8:17)라고 했다. 이 신분은 에베소서 2장 6절에도 명백히 나와 있다. "또 [하나님이 우리를] 함께 일으키사 그리스도 예수 안에서 함께 하늘에 앉히시니." 그리스도 안에서 그리스도를 통해 우리의 신분이 바뀌었다.

우리는 더 이상 이 세상의 자녀가 아니라 천국의 왕족(상속자들)이 되었다. 이 나라의 상속자로서 우리는 주님의 사명을 진척시킬 책임이 있다. 우리는 그분의 혈통에 입양되었으므로 그분의 나라와 그분이 이루신 정복이 이제 우리의 것이 되었다. 얼마나 가슴 벅찬 진리인가! 하지만 그리스도 안에서 얻은 신분을 실제로 누리려면 중세시대 왕처럼 우리도 거기에 따라오는 능력을 발견하고 사용해야 한다. 하나님 나라를 진척시키는 역할을 다하려면 능력이 필요하다. 그 능력이 어떻게 우리에게 주어졌는지 이번 장에서 자세히 살펴볼 것이다.

베드로는 이렇게 선포했다.

그러나 너희는 택하신 족속이요 왕 같은 제사장들이요 거룩한 나라요 그의 소유가 된 백성이니 이는 너희를 어두운 데서 불러내어 그의 기

이한 빛에 들어가게 하신 이의 아름다운 덕을 선포하게 하려 하심이라
(벧전 2:9).

본론으로 들어가기 전에 중요하게 알아 둘 것이 있다. 언제나 신분이 먼저이고 권한은 거기에 따라온다. 우리는 먼저 그리스도 안에서 신분이 바로 되어 있어야 한다. 그래야 그분의 나라를 위해 뭔가를 할 수 있다.

약속된 성령을 기다려야 하는 이유

사도와 함께 모이사 그들에게 분부하여 이르시되 "예루살렘을 떠나지 말고 내게서 들은 바 아버지께서 약속하신 것을 기다리라 요한은 물로 세례를 베풀었으나 너희는 몇 날이 못 되어 성령으로 세례를 받으리라" 하셨느니라(행 1:4-5).

예수님은 약속하신 것을 기다리는 게 좋겠다고 하지 않으셨다. 사도들에게 자신의 지침에 유념하라고 권하신 것도 아니다. 그분은 그들에게 예루살렘을 떠나지 말라고 분부 즉 명령하셨다. 예수님이 이 지침에 그토록 강경하게 말씀하신 데는 그만한 이유가 있다. 하나님 나라의 모든 일에는 성령의 능력이 필수이기 때문이다. 제자들은 예수님이 부활하셨다는 기쁜 소식을 어서 전하고 싶었고, 따라서 약속된 성령을 기다리다가 지칠 수도 있었다. 예수님은 그것을 아셨다. 사도행전 1장 3절에 보면 그들은 예수님과 함께 여러 날을 보내며 하나님 나라에 대한 그분의 가르침을 들었다. 이 말씀에 따르면 사도들은 예수님의 부활에 대한 '무

오한 증거'를 받았다. 그들은 이 일의 정당성에 대해 분명한 확신이 있었다. 그리스도께서 죽음을 이기셨다는 직접적인 증거가 있었기 때문이다. 다시 말해서 그들은 당장 시작할 준비가 되어 있었다!

그런데 예수님은 그들을 보며 말씀하셨다. "아직 사역을 시작하지 말라. 성령의 능력으로 입혀질 때까지는 온 세상에 복음을 전하지도 말고 교회를 세우지도 말라"(눅 24:49, 저자의 주해). 성경을 바탕으로 나는 예수님께 이 지시를 받은 사람들이 500명쯤 된다고 본다(고전 15:6 참조). 그런데 사도행전 1장 15절에 보면 다락방에 모인 사람의 수는 120명으로 줄었다. 나머지 380여 명은 어떻게 된 것일까? 내 생각에는 하루하루 지날수록 첫 500명 중 점점 더 많은 사람들이 떨어져 나가 결국 120명만 남았다고 본다. 떠나간 380명은 이렇게 생각했을지도 모른다. "회당으로 돌아가자. 곳곳에 교회를 세워 예수께서 부활하셨다는 놀라운 소식을 전하자. 이 기쁜 소식을 전하지 않고 하루라도 허비하는 것은 옳지 않다." 주님께서 분부하신 대로 기꺼이 기다린 사람들은 120명뿐이었다.

여기서 당신은 이런 생각이 들 수 있다. '당연히 제자들은 성령을 기다려야 했다. 그들은 아직 성령을 받지 못한 상태였다. 구원받는 순간 성령을 받는 지금의 우리와는 다르다.'

요한복음 20장 21-22절을 보라.

예수께서 또 이르시되 "너희에게 평강이 있을지어다 아버지께서 나를 보내신 것같이 나도 너희를 보내노라" 이 말씀을 하시고 그들을 향하사 숨을 내쉬며 이르시되 "성령을 받으라."

예수님은 제자들에게 숨을 내쉬며 "성령을 받으라"고 하셨다. 여기

'받다'에 해당하는 헬라어 단어에는 '즉각, 지금 당장'이라는 뜻이 포함되어 있다.[1] 이것은 장차 벌어질 일에 대한 전조가 아니었다. 제자들은 예수님이 승천하시기 전에 실제로 성령을 받았다. 하지만 오순절 날 성령의 충만함을 받기 전까지는 능력으로 입혀지지 못했다.

오순절에 나타난 표적

오순절 날이 이미 이르매 그들이 다 같이 한 곳에 모였더니 홀연히 하늘로부터 급하고 강한 바람 같은 소리가 있어 그들이 앉은 온 집에 가득하며 마치 불의 혀처럼 갈라지는 것들이 그들에게 보여 각 사람 위에 하나씩 임하여 있더니 그들이 다 성령의 충만함을 받고 성령이 말하게 하심을 따라 다른 언어들로 말하기를 시작하니라(행 2:1-4).

우리 중에는 주일학교에서 이 기사가 융판에서 재현되는 것을 본 사람들이 많을 것이다. 대개 모인 신자들의 머리 위에는 작은 혀 같은 불이 그려졌다. 하지만 실제로는 그렇지 않았을 것이다. 구약에서 불은 하나님의 임재를 상징할 때가 많다. 사도행전의 저자가 묘사한 "불의 혀처럼 갈라지는 것들"은 하나님의 임재의 표현이다. 예수님을 따르던 그 남녀들은 하나님의 임재에 삼켜졌다. 또는 하나님의 임재로 세례를 받았다. 이렇게 계시된 임재는 "급하고 강한 바람"이라는 말에서도 볼 수 있다. 1장에서 보았듯이 성령은 바람이 아니라 인격이시다. 다만 다락방에 임하실 때 그분은 바람의 형태로 나타나셨다.

사도행전 2장 4절의 "충만함을 받고"라는 헬라어 단어는 문자적으로

'충분히 채워졌다'는 뜻이다.[2] 기본형의 사전적 의미는 '넘치도록 공급하다'이다. 다락방의 사람들은 넘치도록 성령으로 충만해졌다. 그들 모두가 삶 속에서 하나님의 명백한 임재를 전보다 더 깊이 경험했다. 성령의 충만함을 나타내는 표적은 불과 바람 외에도 또 있었다. 신자들이 다른 언어들로 말하기 시작한 것이다.

하나님의 일에는 능력이 필수다

하나님도 표적들과 기사들과 여러 가지 능력과 및 자기의 뜻을 따라
성령이 나누어 주신 것으로써 그들과 함께 증언하셨느니라(히 2:4).

성령은 행동의 주역이며 여러 가지 놀라운 방식들로 나타나신다. 성
경에서 성령은 비둘기, 불, 바람, 술 등으로 상징된다. 이런 나타나심을
이해하면 성령의 속성을 더 잘 이해할 수 있다. 그분이 우리의 삶 속에서
그리고 우리의 삶을 통해 어떻게 일하시려는지도 더 잘 알 수 있다.

- 성령은 비둘기와 같다. 성령이 비둘기처럼 예수님 위에 내려오셨다는
  표현이 사복음서에 똑같이 나온다. 비둘기는 천성이 온순하고 다정
  하다. 아주 소심하여 쉽게 쫓아낼 수 있다. 비둘기는 안전하고 평화
  롭다고 느껴지는 곳에만 와서 쉰다. 한 번 짝을 정하면 평생을 해로
  한다. 이런 사실들을 통해 성령을 어떻게 대해야겠는가?

- 마태복음 3:16-17, 마가복음 1:9-11, 누가복음 3:21-22, 요한복음
  1:32-33을 확인해 보라. 성령은 불과 같다. 그분은 모세에게는 불붙

은 떨기나무 속에서, 이스라엘에게는 불기둥 속에서 나타나셨다.[3] 오순절 날 성령은 "불의 혀처럼 갈라지는 것들"(행 2:3)로 사람들에게 세례를 베푸셨다. 성령은 예수님이 이 땅에 가져오신 불이다. 우리는 그분을 소멸하지 않도록 조심해야 한다. 불의 특성을 생각해 보라. 불은 정화시키고, 빛을 발하고, 온기나 열기를 내고, 태워 버린다. 이 같은 불의 속성에 따라 우리 삶에서 성령의 불을 어떻게 이해할 것인가? 이 불을 더 활활 타오르게 부채질하는 것은 무엇인가?

- 사도행전 2:3-4, 누가복음 12:49, 데살로니가전서 5:19-21, 마태복음 3:11-12, 누가복음 3:16-17, 예레미야 20:9, 23:29, 히브리서 12:29을 확인해 보라. 성령은 바람과 같다. 오순절 날 그분은 또한 바람으로 나타나셨다. 바람에는 미풍부터 태풍까지 여러 가지가 있다. 바람이 하는 일을 생각해 보라. 성령의 바람이 철따라 당신의 삶에서 어떻게 행동을 불러일으킬 수 있겠는가? 어떤 일을 유발하실 수 있겠는가?

구원이
능력보다 먼저다

방언이란 단순히 하나의 언어다. 스페인에서 스페인어를 하지 못하는 사람을 만난다면 나는 이렇게 물을 수 있다. "당신의 모국어가 무엇입니까?" 반면에 영어를 하는 사람에게는 모국어가 무엇이냐고 물을 필요가 없다. 내 모국어가 영어이므로 내가 영어를 알아듣기 때문이다. 그러므로 나에게 영어는 '아는' 언어이지만 다른 언어는 '모르는' 언어일 수 있다. 이것에 대해서는 뒤에서 더 자세히 살펴볼 것이다.

오순절 날 많은 나라의 유대인들이 종교 절기를 지키려고 예루살렘에 모여 있었다. 그들은 살고 있는 나라와 지역이 각기 달랐으므로 모국어도 각기 달랐다.

그때에 경건한 유대인들이 천하 각국으로부터 와서 예루살렘에 머물러 있더니 이 소리가 나매 큰 무리가 모여 각각 자기의 방언으로 제자들이 말하는 것을 듣고 소동하여 다 놀라 신기하게 여겨 이르되 보라 이 말하는 사람들이 다 갈릴리 사람이 아니냐 우리가 우리 각 사람이 난 곳 방언으로 듣게 되는 것이 어찌 됨이냐"(행 2:5-8).

보다시피 "이 소리가 나매 큰 무리가 모"였다고 했다. 사람들은 제자들이 다른 언어들로 말하는 것을 듣고 제자들에게 관심을 보이기 시작했다. 그들은 갈릴리 사람들이 여러 다른 언어들로 말하는 것을 보고 매우 놀랐다. 더구나 제자들은 대부분 교육을 받지 못했거나 학식이 없는 것으로 알려졌다. 그래서 성령의 표현인 방언은 예수님을 따르지 않던 사람들에게 하나의 표적이 되었다.

"우리가 다 우리의 각 언어로 하나님의 큰일을 말함을 듣는도다" 하고 다 놀라며 당황하여 서로 이르되 "이 어찌 된 일이냐" 하며(행 2:11-12).

성령을 부어 주신 덕분에 베드로는 이들의 의문에 답변할 기회를 얻었다. 이날 베드로는 성경에서 가장 유명한 설교 중 하나를 하게 되었다. "이 예수를 하나님이 살리신지라 우리가 다 이 일에 증인이로다 하나님이 오른손으로 예수를 높이시매 그가 약속하신 성령을 아버지께 받아서 너희가 보고 듣는 이것을 부어 주셨느니라"(행 2:32-33). 보다시피 모든 사람이 성령의 능력의 증거를 보고 들었다.

몇 구절 뒤로 가면 무리의 반응이 나온다.

그들이 이 말을 듣고 마음에 찔려 베드로와 다른 사도들에게 물어 이르되 "형제들아 우리가 어찌할꼬" 하거늘(행 2:37).

그러자 베드로는 이렇게 말했다.

> "베드로가 이르되 너희가 회개하여 각각 예수 그리스도의 이름으로
> 세례를 받고 죄 사함을 받으라 그리하면 성령의 선물을[성령을 선물
> 로] 받으리니 이 약속[성령]은 너희와 너희 자녀와 모든 먼 데 사람 곧
> 주 우리 하나님이 얼마든지 부르시는 자들에게 하신 것이라" 하고(행
> 2:38-39).

구원의 기쁜 소식은 주의 이름을 믿는 모든 자에게 주어졌다(롬 10:13
참조). 베드로가 그 소식을 선포하면서 더할 나위 없이 명백히 밝힌 것이
또 있다. 성령이라는 선물도 모든 믿는 자에게 주어진다는 사실이다. 얼
마나 놀라운 일인가! 이것은 과거와 현재와 미래의 모든 신자에게 주어
진 약속이다.

성경에 나타난 성령 충만의 기사들

오순절 날 이후로 사람들이 성령의 충만함을 받은 기사가 사도행전에
네 군데 더 나온다. 그것을 차례로 살펴보는 동안 특별히 두 가지 점에
주목하기 바란다. 첫째, 넷 중 한 번만 제외하고 성령의 충만함은 구원의
체험과는 별개의 사건이다. 둘째, 성령의 충만함을 목격한 사람들은 성
령께서 새 신자들 안에 임재하신다는 증거를 보고 들었다.

빌립과 사마리아 사람들

네 기사 중 첫 번째는 사도행전 8장에 나온다. 빌립은 사마리아 성으

로 보냄 받아 예수 그리스도의 복음을 전했다. 복음이 선포되자 온 성에 부흥이 일어났다. 걷지 못하던 사람들이 치유되었고 더러운 귀신들이 쫓겨났다. 많은 사람들이 하나님의 구원의 기쁜 소식을 받아들였다.

> 빌립이 하나님 나라와 및 예수 그리스도의 이름에 관하여 전도함을 그들이 믿고 남녀가 다 세례를 받으니 시몬도 믿고 세례를 받은 후에 전심으로 빌립을 따라다니며 그 나타나는 표적과 큰 능력을 보고 놀라니라(행 8:12-13).

사마리아 사람들은 예수 그리스도의 기쁜 소식을 믿는 순간 거듭났을까? 물론이다. 누구나 복음을 믿는 순간 예수 그리스도를 영접하고 하나님의 자녀가 된다. 그곳의 새 신자들은 그리스도를 믿는다는 표시로 물세례도 받았다. 그러나 그다음 구절들에서 보듯이 초대 교회의 지도자들은 이외에도 뭔가가 더 있어야 함을 알았다. 회심과 물세례 외에도 새 신자들은 성령 세례를 받아야 했다.

> 예루살렘에 있는 사도들이 사마리아도 하나님의 말씀[구원]을 받았다함을 듣고 베드로와 요한을 보내매 그들이 내려가서 그들을 위하여 성령 받기를 기도하니 이는 아직 한 사람에게도 성령 내리신 일이 없고 오직 주 예수의 이름으로 세례[물세례]만 받을 뿐이더라(행 8:14-16).

사도들은 사마리아가 복음을 받아들였다는 말을 듣고 그곳의 새 신자들에게 베드로와 요한을 보내기로 했다. 가장 명망 있는 두 사도를 보내 사마리아 사람들과 함께 기도하게 한 이유는 무엇인가? 사마리아 사람들은 이미 구원과 물세례를 받은 상태였다. 베드로와 요한이 보냄 받은 구체적인 목적은 "그들을 위하여 성령 받기를" 기도하기 위해서였다(15절). 예루살렘에서 사마리아까지는 55km 이상 떨어져 있다.[4] 지금은 멀게 느껴지지 않겠지만 당시엔 자동차나 현대의 대중교통이 없었다. 그들은 55km를 걸어가거나 동물을 타고 가야 했다. 적어도 하루나 이틀은 걸리는 여정이었을 것이다. 금방 다녀올 수 있는 거리가 아니었다.

다시 한 번 중요하게 짚어 둘 것이 있다. 이 새 신자들은 이미 주 예수의 이름으로 세례를 받은 상태였다. 그들은 이미 하나님의 자녀였다. 하지만 구원의 선물 중에 그들이 아직 경험하지 못한 요소가 있었다. 당신은 이런 생각이 들지도 모른다. "잠깐만, 우리가 구원의 선물을 받아들이는 순간 예수 그리스도의 영이 우리 마음속에 거하시지 않는가?" 맞는 말이다. 고린도전서 12장 3절에 "성령으로 아니하고는 누구든지 예수를 주시라 할 수 없느니라"고 했다. 우리는 성령의 영향력을 떠나서는 예수님의 주 되심을 고백할 수 없다. 하지만 그것은 성령의 충만함을 받는 것과는 다르다.

성경에 명백히 나와 있듯이 누구든지 그리스도 안에 있는 사람은 성령으로 거룩하게 되었고 인 치심을 받았다(벧전 1:2; 엡 1:13 참조). 그러므로 내주하시는 성령의 임재가 구원 체험의 일부임에는 의문의 여지가 없다. 하나님은 당신을 보실 때 성자 예수님의 영을 보신다. 구원받는 순간 그리스도 안에서 당신의 신분이 바뀌었음을 잊지 말라. 당신은 그분의 나라에 속한 선민이 되었다. 하지만 아버지께 구하기 전까지는 당신은 성령의 능력으로 충만함을 받지는 못한다. 예수님은 다음처럼 말씀하셨다.

너희가 악할지라도 좋은 것을 자식에게 줄 줄 알거든 하물며 너희 하늘 아버지께서 구하는 자에게 성령을 주시지 않겠느냐(눅 11:13).

예수님은 하나님을 "너희 하늘 아버지"라고 칭하셨다. 그러므로 이것은 분명히 신자들에게 한 말씀이다. 요한복음에서 하신 예수님의 말씀을 통해서도 확인할 수 있다. "그는 진리의 영이라 세상은 능히 그를 받지 못하나니 이는 그를 보지도 못하고 알지도 못함이라"(요 14:17). '세상'은 하나님 나라 바깥에 있는 사람들을 가리킨다. 예수님의 주 되심에 굴복하지 않은 사람은 절대로 성령을 받을 수 없다. 그러므로 "너희 아버지"께 성령을 구하라는 말씀은 구원을 가리키는 것이 아니다. 오히려 이미 구원받은 사람들만이 받을 수 있는 이후의 성령 충만에 대한 말씀이다.

이제 사도행전 8장으로 다시 돌아가자.

이에 두 사도가 그들에게 안수하매 성령을 받는지라 시몬이 사도들의 안수로 성령 받는 것을 보고 돈을 드려 이르되 "이 권능을 내게도 주어 누구든지 내가 안수하는 사람은 성령을 받게 하여 주소서" 하니(행 8:17-19).

베드로와 요한이 안수하자 신자들이 성령을 받았다. 이 성령 충만은 물리적 감각으로 똑똑히 감지되었다. 성경에 "시몬이 사도들의 안수로 성령 받는 것을 보고"라고 했기 때문이다. 시몬도 신자였는데 그는 신자들의 삶에 성령의 능력이 나타나는 것을 보고 크게 놀랐다. 그래서 자기도 그 능력을 부여하는 법을 배우려고 사도들에게 돈을 주려 했다(이는 부적절한 반응이므로 베드로는 즉시 시몬을 꾸짖었다).

사도행전을 통틀어 대개 성령 충만에는 눈과 귀로 보고 들을 수 있는 외적 표현이 뒤따랐다. 가장 흔한 형태는 방언과 예언이었다. 그래서 사도들은 성령이 신자들 "위에 임하신다"는 표현을 자주 썼다. 이번 사마리아의 기사는 성령 충만에 방언과 예언이 뒤따랐다는 표현이 없는 드문 예 중의 하나다. 하지만 그런 외적 표현이 있었다고 추론할 수 있다. 그렇지 않다면 주술사 출신의 시몬이 신자들 안에서 성령 임재의 증거를 보지 못했을 것이다.

다소의 사울

사울이 회심한 이야기는 성경에서 가장 유명한 본문 중 하나다. 여기서는 이 놀라운 만남에서 비교적 덜 두드러진 측면에 집중하고자 한다. 사도행전 9장에서 사울은 다마스쿠스(다메섹)의 신자들을 박해하러 가던 길이었다.

> 사울이 길을 가다가 다메섹에 가까이 이르더니 홀연히 하늘로부터 빛이 그를 둘러 비추는지라 땅에 엎드러져 들으매 소리가 있어 이르시되 "사울아 사울아 네가 어찌하여 나를 박해하느냐" 하시거늘 대답하되 "주여 누구시니이까" 이르시되 "나는 네가 박해하는 예수라 너는 일어나 시내로 들어가라 네가 행할 것을 네게 이를 자가 있느니라" 하시니 (행 9:3-6).

보다시피 사울은 예수님을 "주여"라고 불렀다. 예수 그리스도께서 우리 삶의 주가 되시는 순간 우리는 즉시 거듭난다. 나는 사울이 예수님의 주 되심을 인정하는 순간 신자가 되었다고 믿는다.

이렇게 주님을 만난 후에 사울은 사흘 동안 시내에서 금식하며 다음 지시를 기다렸다. 주님은 아나니아라는 제자에게 명하여 사울을 찾아가게 하셨다. 그러나 아나니아는 주님의 명령이 마음에 걸렸다. 사울이 신자들을 지독하게 박해했다는 이야기를 많이 들었기 때문이다. 그래서 하나님은 그에게 "가라 이 사람[사울]은 내 이름을… 전하기 위하여 택한 나의 그릇이라"(행 9:15)고 말씀하셨다. 사울이 머물고 있는 곳에 도착한 아나니아는 그에게 안수하며 말했다. "형제 사울아 주 곧 네가 오는 길에서 나타나셨던 예수께서 나를 보내어 너로 다시 보게 하시고 성령으로 충만하게 하신다"(행 9:17). 사울을 "형제 사울아"라고 부른 것으로 보아 아나니아는 그가 이미 구원받았음을 분명히 알았다. 하지만 사울이 신자인데도 하나님은 아나니아를 보내셔서 구체적으로 사울이 치유와 성령 충만을 받도록 기도하게 하셨다.

이 경우에도 역시 성령 충만은 구원의 선물을 이미 받아들인 후에 일어났다. 사도행전 9장에서 사울(훗날의 바울)이 방언을 했다는 기록은 없다. 하지만 우리는 바울이 방언했음을 알고 있다. 그가 나중에 "내가 너희 모든 사람보다 방언을 더 말하므로 하나님께 감사하노라"(고전 14:18)고 썼기 때문이다. 개인적으로 나는 아나니아가 바울을 위해 기도하던 그때에 바울의 방언이 시작되었다고 믿는다. 바울은 이미 구원받았음에도 성령 충만을 받아야 했다. 앞으로 그가 이방인과 임금들과 이스라엘 자손들 앞에서 예수님을 선포하려면 성령의 능력이 절대적으로 필요했기 때문이다.

베드로와 고넬료

사도행전 10장으로 가면 하나님의 유머 감각을 엿볼 수 있다. 1절에서 고넬료라는 로마 장교가 소개된다. 성경에 따르면 고넬료는 하나님을 경외하는 경건한 사람으로서 가난한 사람들에게 은혜를 베풀고 하나님께 자주 기도했다. 이때는 아직 이방인들에게 구원의 복음이 전해지기 전이었다. 그래서 하나님은 고넬료에게 천사를 보내셨다. 하지만 천사는 그에게 하나님의 구원 계획을 알려 주지 않고 베드로를 불러오라고 했다. 감격한 고넬료는 천사가 알려 준 곳으로 즉시 사람들을 보내 베드로를 찾았다.

마침 욥바에 머물고 있던 베드로는 황홀한 중에 하늘로부터 환상을 받았다. 환상 중에 하나님은 여러 가지 이미지를 통해 베드로에게 일러 주셨다. 하나님께서 깨끗하게 하신 것을 그가 속되다 해서는 안 된다는 것이었다(행 10:9-15 참조). 분명히 하나님은 베드로가 환상의 의미를 잘 이해하지 못할 것을 아셨다. 그래서 똑같은 환상을 세 번이나 보여 주셨다. 베드로가 그 의미를 생각하고 있는데 고넬료의 사람들이 그 집에 도착했다. 성령은 베드로에게 그들과 함께 가라고 지시하셨다. 경건한 유대인이 이방인과 교제하는 것은 당시의 관습에 어긋나는 일이었다. 그런데도 하나님은 베드로를 고넬료에게 보내시는 이유를 그에게 일러 주지 않으셨다. 고넬료의 집에 도착한 베드로는 이렇게 말했다.

> 유대인으로서 이방인과 교제하며 가까이하는 것이 위법인 줄은 너희도 알거니와 하나님께서 내게 지시하사 아무도 속되다 하거나 깨끗하지 않다 하지 말라 하시기로 부름을 사양하지 아니하고 왔노라 묻노니 무슨 일로 나를 불렀느냐(행 10:28-29).

점차 베드로는 경건한 이방인과의 만남을 자신이 본 환상과 연결시켰다. 그래서 고넬료에게 복음을 전하기 시작했다. 베드로가 한참 메시지를 전하고 있는데 갑자기 성령께서 나타나셨고, 그러자 이방인들이 방언을 하기 시작했다. 사상 유례가 없는 일인지라 베드로는 완전히 충격에 빠졌다.

구원의 선물은 이방인들을 위한 것이기도 했다. 하지만 하나님은 베드로와 그의 유대인 일행이 그 사실을 받아들이기 어려울 것을 아셨다. 그래서 그분은 베드로가 그들과 함께 기도하거나 물세례를 베풀기 전에 이방인들에게 성령을 부어 주셨다. 이는 이스라엘 나라 바깥의 사람들도 구원의 계획에 포함되어 있다는 증거였다.

> 베드로와 함께 온 할례 받은 신자들이 이방인들에게도 성령 부어 주심으로 말미암아 놀라니 이는 방언을 말하며 하나님 높임을 들음이러라 이에 베드로가 이르되 "이 사람들이 우리와 같이 성령을 받았으니 누가 능히 물로 세례 베풂을 금하리요" 하고 명하여 "예수 그리스도의 이름으로 세례를 베풀라" 하니라(행 10:45-48).

유대인들은 하나님이 이방인을 구원하신다는 증거를 부정할 수 없었다. 이방인들 사이에 나타나는 하나님의 능력, 즉 성령 충만을 보고 들었기 때문이다. 하나님은 이방인들에게 구원을 베푸셨을 뿐 아니라 공적 고백과 물세례라는 일반적인 과정을 거치지 않고 바로 성령 충만을 보내셨다. 하나님이 이런 식으로 역사하신 경우는 성경에서 이곳밖에 없다. 다른 모든 경우에는 회심이 있은 후에 성령을 부어 주셨다. 내가 믿기로 하나님이 이렇게 하신 이유는 유대인들에게 특별한 표적이 필요했기 때문이다. 하나님이 구원의 선물을 이방인에게도 베푸신다는 확증이 필요했던 것이다.

에베소 사람들

네 번째로 살펴보려는 기사는 사도행전 19장에 나온다. 바울은 선교 여행 중에 에베소에 이르렀다. 그곳에서 바울은 세례 요한의 제자들을 만났다. 그리고 바울이 그들에게 맨 먼저 던진 질문은 "너희가 믿을 때에 성령을 받았느냐"(행 19:2)였다. 와! 바울이 에베소 사람들에게 이것부터 물었다면 우리가 새 신자들에게 맨 처음 하는 질문 중에도 이것이 있어야 한다.

앞에서도 말했지만 이 문제가 초대 교회 지도자들에게 그토록 중요했던 이유는 무엇인가? 그리스도 안에서 우리의 사명을 수행하는 데 성령의 능력이 절대적으로 필요하기 때문이다. 누가 단 한 시간이라도 그 사명의 원동력 없이 살고 싶겠는가(행 1:8 참조)? 아버지의 나라에서 제구실을 다하려면 그리스도 안의 신분(구원)과 성령의 능력(성령 충만) 둘 다 필요하다.

알고 보니 에베소 사람들은 세례 요한의 제자였지만 예수님을 통한 구원의 기쁜 소식을 들은 적이 없었다. 그래서 바울은 그들에게 복음을 전했다.

앞서 말했듯이 그리스도 안에서 신분을 얻는 일이 언제나 성령의 능력을 받는 일보다 먼저다. 물론 고넬료의 경우처럼 능력의 외적인 나타남(성령 충만)이 구원의 외적인 고백(물세례)보다 선행할 때도 있다. 하지만 그럴 때조차도 언제나 구원이 능력보다 먼저다.

그래서 에베소 사람들은 바울의 말을 듣고 나서 일단 "주 예수의 이름으로 세례를 받"았다(행 19:5). 다시 말해서 그들은 예수 그리스도 안에만 있고 그분을 통해서만 얻을 수 있는 구원을 받아들였다. 하지만 이 만남은 거기서 끝나지 않았다. "바울이 그들에게 안수하매 성령이 그들에게 임하시므로 방언도 하고 예언도 하니"(행 19:6).

성령 충만은 새 신자들이 주 예수의 이름으로 세례를 받은 후에 찾아왔다. 바울을 만나기 전까지만 해도 그들은 예수님에 대해 거의 아는 게 없었다. 그런데 일단 성령으로 충만해지자 그들도 예언을 했다. 예수 그리스도의 메시지를 선포했다는 뜻이다. 조금 전까지만 해도 그들은 이 예언의 능력을 몰랐다. 그 능력은 오직 성령으로 말미암아 가능해졌다. 먼저 성령을 모르고서는 신자가 하나님의 비밀을 권위 있게 선포할 수 없는 법이다(고전 2장 참조).

설교가 성령의 능력 없이 해야 하는 게 아니니 참으로 감사하다. 나는 내 힘으로는 대중 앞에서 말을 잘하지 못한다. 글도 잘 쓰지 못한다. 나는 영어를 어찌나 못했던지 대학 입시에서 낙제점을 받았다. 800점 만점에 정확히 370점을 받았다. 나의 나 된 것이 하나님의 은혜와 성령의 능력임을 나보다 더 잘 아는 사람은 없다. 성령의 능력이 없이는 이 책을 쓸 수도 없다. 그분이 내 힘과 능력의 근원이시다. 그분이 없이는 내게 맡겨진 하나님 나라의 일을 해낼 수 없다. 성령은 나에게 하나님의 은혜를 나타내시는 분이다.

구원이 능력보다 먼저다

각 사람에게 성령을 나타내심은 유익하게 하려 하심이라(고전 12:7).

성령이 임재하시면 증거가 나타난다. 강과 바다가 갈라져 마른 땅이 된다. 맹인이 보고 귀먹은 사람이 듣는다. 못 걷던 사람이 걷고 말 못하던 사람의 입이 열린다. 두려움이 달아나고 소망이 다시 태어난다! 성령과 친밀한 관계 속에 있으면 우리 삶에서 온갖 표적과 기사가 나타난다.

• 사도행전의 기사들이 거듭 확증해 주듯이 성령이 임재하시면 사람들이 그 증거를 보고 들었다. 당신의 삶을 뒤돌아보라. 성령께서 임재하신 증거로 기억나는 것들은 무엇인가?

하나님은 바울을 통해 "성령의 충만함을 받으라"는 중요한 명령을 하셨다. "충만함을 받으라"에 해당하는 헬라어 단어 '플레로오'(pleroo)는 '영혼을 채우고 가득 퍼진다'는 뜻이다.[5] 더 중요한 것은 이 동사의 시제가 수동태 명령형 현재시제라는 것이다. 수동태란 주체인 당신에게 외부에서 행동이 가해진다는 뜻이다. 명령형을 쓰면 권고가 아니라 명령이

된다. 현재시제에는 지속적 행위가 암시되어 있다.

베드로와 요한과 다른 제자들은 오순절에 성령으로 세례를 받았다. 그런데 얼마 안 있어 기도 중에 다시 성령으로 충만함을 받았다. 하나님은 바울을 통해 "네 속에 있는 은사(를)… 가볍게 여기지 말며" 오히려 "네 속에 있는 하나님의 은사를 다시 불 일듯 하게" 하라고 말씀하신다 (딤전 4:14; 딤후 1:6). 다시 말해서 계속해서 성령으로 충만함을 받으라는 얘기다.

- 에베소서 5:18-19, 6:18, 유다서 1:20을 주의 깊게 읽으라. 당신의 은사를 계속 불 일듯 하기 위해 성령께서 가르치시는 것이 무엇인가?

성령님의 은사에는
목적이 있다

사랑은 언제까지나 떨어지지 아니하되 예언도 폐하고 방언도 그치고 지식도 폐하리라 우리는 부분적으로 알고 부분적으로 예언하니 온전한 것이 올 때에는 부분적으로 하던 것이 폐하리라(고전 13:8-10).

지금까지 사도행전에 나타난 성령 충만의 기사들을 살펴보았다. 이제 이와 관련해 많은 사람들이 궁금해하는 이슈들을 다뤄 볼까 한다. 그중에서 많은 사람들이 이제 방언이 그쳤다는 말을 자주 하는데 과연 그런가 하는 것이다. 그들은 대개 위에 인용한 고린도전서 13장 말씀을 근거로 이 같은 주장을 한다. 그들은 "온전한 것이 올 때에는 부분적으로 하던 것이 폐하리라"는 바울의 말에서 "온전한 것"이란 성경을 가리킨다고 믿는다. 다시 말해 '온전한 것(성경)이 이미 왔으니 이제 방언은 그쳤다'라는 것이다.

바울의 말뜻을 바로 알려면 본문을 주의 깊게 살펴볼 필요가 있다. 이 구절의 전후 문맥을 살펴보면 방언이 그쳤다는 주장이 불가능하다는 것을 알 수 있다. 방언이 그쳤다면 지식과 예언도 그쳤어야 한다. 하지만 지식과 예언이 그쳤는가? 당연히 아니다. 그렇다면 바울이 말하는 '온전한 것'이란 무엇인가? 12절에 답이 나온다.

> 우리가 지금은 거울로 보는 것같이 희미하나 그때에는[온전한 것이 올 때에는] 얼굴과 얼굴을 대하여 볼 것이요 지금은 내가 부분적으로 아나 그때에는 주께서 나를 아신 것같이 내가 온전히 알리라(고전 13:12).

바울은 예수님을 대면하여 만날 때를 말하고 있다. '온전한 것'이란 바로 영광 중의 예수님을 온전히 아는 상태를 뜻한다. 그렇다면 현재 우리가 그런 차원에서 예수님과 만나고 있는가? 영광 중의 그분을 보고 있는가? 이 땅에 사는 동안 우리가 경험하는 예수님은 희미한 거울에 비친 모습과 같다. 하지만 내세에는 그분이 우리를 아시는 것처럼 우리도 그분을 알게 된다. 이 여정은 비록 이 땅에서 시작되지만 그 끝에 이르면 우리는 영원 속에서 그분을 대면하여 보게 된다.

방언의 네 가지 종류

내가 자주 받는 질문이 또 있다. "고린도전서 12장 30절에서 '다 방언을 말하는 자이겠느냐'라고 한 이유가 무엇인가? 누구나 다 방언을 하는 것은 아니라는 뜻인가?" 맞다. 그런 뜻이다. 하지만 이 본문에서 바울이 말한 것은 특정한 종류의 방언이다. 모든 신자가 다 그 종류의 방언을 하는 것은 아니다. 이것을 이해하려면 신약에 나타난 방언의 네 가지 종류를 살펴보아야 한다.

편의상 방언을 공적 용도와 사적 용도로 나눌 수 있다. 방언의 네 가지 종류 중 둘은 공적 사역을 위한 것이다. 여기서 '공적'이란 한 사람이 성령께 받은 것으로 다른 개인이나 단체를 섬긴다는 뜻이다. 반면에 두 가지 '사적' 방언은 우리 개인을 하나님과 직접 연결시켜 준다. 그중 하나는 그분과 더욱 깊이 친밀해지게 하고, 다른 하나는 그분의 온전한 지식을 따라 중보기도를 할 수 있게 해준다. 지금부터 하나씩 살펴보도록 하자.

방언 1. 비신자들을 위한 공적 방언

첫 번째 종류의 방언은 공적 사역을 위한 것이다.

> 그러므로 방언은 믿는 자들을 위하지 아니하고 믿지 아니하는 자들을 위하는 표적이나(고전 14:22).

이런 방언은 성령께서 우리의 지식을 초월하여 지상의 다른 언어로 말하는 능력을 주실 때 이루어진다. 다시 말해 배운 적도 경험한 적도 없는 언어를 구사하는 것이다. 오순절 날 제자들에게 주어진 방언이 여기에 해당한다.

> 그때에 경건한 유대인들이 천하 각국으로부터 와서 예루살렘에 머물러 있더니 이 소리가 나매 큰 무리가 모여 각각 자기의 방언으로 제자들이 말하는 것을 듣고 소동하여 다 놀라 신기하게 여겨 이르되 "보라

이 말하는 사람들이 다 갈릴리 사람이 아니냐 우리가 우리 각 사람이 난 곳 방언으로 듣게 되는 것이 어찌 됨이냐 우리는 바대인과 메대인과 엘람인과 또 메소보다미아, 유대와 갑바도기아, 본도와 아시아, 브루기아와 밤빌리아, 애굽과 및 구레네에 가까운 리비야 여러 지방에 사는 사람들과 로마로부터 온 나그네 곧 유대인과 유대교에 들어온 사람들과 그레데인과 아라비아인들이라 우리가 다 우리의 각 언어로 하나님의 큰일을 말함을 듣는도다" 하고(행 2:5-11).

이때 유대인들은 신자들의 말을 저마다의 모국어로 들었다. 이 사건은 예수님의 복음을 믿는 사람들 가운데 하나님이 역사하신다는 표적이었다. 그렇지 않고서야 교육받지 못한 갈릴리 사람들이 하나님의 큰일을 그토록 많은 언어로 완벽하게 선포할 수 없기 때문이다. 이렇게 표현된 성령의 능력 때문에 많은 사람들이 예수님을 알게 되었다.

수년 전 내가 콜로라도스프링스의 어느 교회에서 말씀을 전할 때였다. 나의 동역자 중 한 분이 예배당 뒤쪽에 앉아서 심중의 감화에 이끌려 조용히 방언기도를 했다. 예배가 끝나자 바로 앞에 앉아 있던 신사가 그녀에게 다가와 말했다. "당신의 프랑스어는 완벽합니다. 고어(古語)의 억양까지도 완벽합니다. 나는 프랑스어 교사인데 당신처럼 프랑스어를 잘하는 사람은 평생 처음 봅니다." 그러자 나의 동역자는 "저는 프랑스어를 할 줄 모릅니다"고 대답했고, 프랑스어 교사라는 사람은 큰 충격에 빠졌다!

그는 이렇게 말했다. "당신은 프랑스어를 완벽하게 구사했을 뿐 아니라 프랑스어 성경까지 인용했습니다. 당신이 인용하고 나면 설교자가 회중에게 바로 그 구절을 찾아보게 하곤 했습니다. 당신이 설교자보다 먼저 말한 것입니다." 그에게 이 경험은 설교자의 메시지가 하나님이 주신 것임을 확증해 주는 표적이 되었다. 표적으로 쓰이는 방언의 주된 목표 는 비신자의 주목을 사로잡는 것이다.

방언 2 해석을 위한 공적 방언

두 번째 종류의 방언 역시 공적 사역을 위한 것이다. 하지만 이 방언 은 표적으로 쓰이는 방언과 달리 지상의 어디서도 사용되지 않는 천상 의 언어다. 바울이 "다른 사람에게는 각종 방언 말함을, 어떤 사람에게는 방언들 통역함을 주시나니"(고전 12:10) 하면서 은사의 하나로 언급한 방 언이 바로 해석을 위한 방언이다. 이런 방언은 지상의 언어가 아니므로 반드시 해석이 필요하다.

몇 년 전 싱가포르의 어느 교회에서 설교하려고 준비하던 중이었다. 갑자기 예배 중에 한 남자가 미지의 방언으로 말하기 시작했다. 나는 그 것이 지상의 언어가 아님을 즉각 알았다. 장내의 모든 사람이 성령의 나 타나심에 놀랐다. 그는 천상의 언어로 말하기를 마치더니 해석에 들어갔 다. 그의 해석은 하나님이 그 교회를 위해 이미 내게 주신 메시지와 정확 히 일치했다. 나는 속으로 이런 생각이 들었다. '하나님, 이렇게 놀랍게 확증해 주시니 정말 감사합니다!' 이미 내 마음속에 넣어 주신 말씀을 하나님은 해석을 위한 방언의 은사를 통해 확인해 주셨다. 그것은 나에 게 그리고 참석한 모든 사람들에게 하나의 표적이었다.

내가 이 방언에 통역 대신 해석이라는 말을 쓴 것에 주목하라. 신약에 나오는 네 가지 종류의 방언 중 셋은 천상의 언어다. 천상의 언어는 인간 의 지식을 초월하므로 통역될 수 없다. 하지만 해석될 수는 있다.

해석을 위한 방언에 해당하는 모든 말에는 항상 해석이 뒤따라야 한다. 이 방언은 전적으로 교회의 덕을 위해 주어진 것인데(고전 14장 참조) 해석이 없으면 교회에 덕이 될 수 없다. "다 방언을 말하는 자이겠느냐"는 바울의 반문이 바로 이 방언을 두고 한 말이다. 이 구절을 전후 문맥 속에서 살펴보자.

> 하나님이 교회 중에 몇을 세우셨으니 첫째는 사도요 둘째는 선지자요 셋째는 교사요 그다음은 능력을 행하는 자요 그다음은 병 고치는 은사와 서로 돕는 것과 다스리는 것과 각종 방언을 말하는 것이라 다 사도이겠느냐 다 선지자이겠느냐 다 교사이겠느냐 다 능력을 행하는 자이겠느냐 다 병 고치는 은사를 가진 자이겠느냐 다 방언을 말하는 자이겠느냐 다 통역하는 자이겠느냐(고전 12:28-30).

지금 바울은 하나님이 교회의 사역을 위해 주신 공적 은사를 말하고 있다. 모두가 사도인가? 아니다. 모두가 선지자인가? 아니다. 모두가 교사인가? 아니다. 마찬가지로 모두가 공적 사역으로서 방언을 말하거나 해석하는가? 아니다. 바울의 요지는 우리 모두가 하나님께 받은 각자의 은사대로 사역해야 한다는 것이다. 교회 안의 모든 사람이 공적 사역으로서 방언을 하는 것은 아니다.

두 가지 공적 방언의 차이

그런 뒤 바울은 두 가지 공적 방언의 차이를 설명했다.

> 그러므로 방언[표적을 위한 방언]은 믿는 자들을 위하지 아니하고 믿지 아니하는 자들을 위하는 표적이나… 그러므로 온 교회가 함께 모

여 다 방언[해석을 위한 방언]으로 말하면 알지 못하는 자들이나 믿지 아니하는 자들이 들어와서 너희를 미쳤다 하지 아니하겠느냐(고전 14:22-23).

방언에 여러 종류가 있음을 모른다면 바울의 이 말이 완전히 모순으로 들릴 수 있다. '방언은 비신자들을 위한 표적'이라고 말한 그가 바로 다음 구절에서 '너희가 방언으로 말하면 비신자들이 너희를 미쳤다고 생각할 것'이라고 했으니 말이다. 하지만 방언의 네 종류를 이해하고 나면 바울의 말이 서로 다른 두 종류의 방언을 지적한 것임을 알 수 있다.

바울이 언급한 첫 번째 종류의 방언(표적을 위한 방언)은 비신자들을 끌어들인다. 그들에게 표적의 역할을 하기 때문이다. 그러나 두 번째 종류의 방언(해석을 위한 방언)은 오로지 교회의 덕을 위한 것이다. 이 방언은 비신자들을 위한 표적이 아니다. 사실 바울의 말처럼, 해석이 없다면 신자들이 두 번째 종류의 방언을 할 때 비신자들은 오히려 우리가 미쳤다고 생각하게 될 것이다!

주일 아침예배에서 모든 사람이 동시에 설교하거나 가르치거나 예언한다면 어떻게 되겠는가? 이상하거니와 비효율적일 것이다. 마찬가지로 바울은 교회가 해석을 위한 방언을 오용하여 교회를 혼란에 빠뜨려선 안 된다고 가르치고 있다. 이 방언을 엉뚱한 상황에서 하면 목적을 잃고 혼돈을 낳는다. 바울이 몇 구절 앞에 분명히 밝혔듯이 방언은 혼란을 야기해서는 안 되고 오히려 이해와 계시를 가져다주어야 한다.

내가 너희 모든 사람보다 방언을 더 말하므로 하나님께 감사하노라 그러나 교회에서 네가 남을 가르치기 위하여 깨달은 마음으로 다섯 마디 말을 하는 것이 일만 마디 방언으로 말하는 것보다 나으니라(고전 14:18-19).

아주 간단하다. 공적 방언을 할 때는 참석자들의 유익을 위해 반드시 해석이 뒤따라야 한다. 그렇지 않으면 방언 대신 아는 언어로 소통하는 게 낫다.

방언 3. 개인 기도를 위한 사적 방언

내가 만일 방언으로 기도하면 나의 영이 기도하거니와 나의 마음은 열매를 맺지 못하리라 그러면 어떻게 할까 내가 영으로 기도하고 또 마음으로 기도하며 내가 영으로 찬송하고 또 마음으로 찬송하리라(고전 14:14-15).

바울은 이제 사적 용도와 목적을 위한 방언에 대해 가르친다. 이 방언은 개인의 덕과 기도를 위한 것이다. 바울은 우리가 "마음으로 기도"하거나 "영으로 기도"할 수 있다고 구분해서 말하는데, 내가 보기에 전자는 모국어로 기도한다는 뜻이고 후자는 모르는 언어 즉 천상의 방언으로 기도한다는 뜻이다. 그는 또 우리가 찬송(예배)도 둘 중 어느 쪽으로든 할 수 있다고 말한다.

고린도전서 14장 서두에 "방언을 말하는 자는 사람에게 하지 아니하고 하나님께 하나니"(2절)라는 말씀이 있다. 알다시피 이때 성령의 나타나심은 표적으로서의 방언이라 할 수 없다. 오순절 날의 제자들은 사람들에게 말하며 하나님의 큰일을 여러 외국어로 선포했기 때문이다. 이 구절은 또한 해석을 위한 방언이라 할 수도 없다. 해석을 위한 방언의 은사는 신자가 교회를 상대로 천상의 모르는 언어로 말하는 것이며 따라서 해석이 필요하기 때문이다. 여기서 바울이 따로 언급한 사람은 "사람에게 하지 아니하고 하나님께" 영으로 말하는 사람이다.

개인 기도를 위한 방언은 하나님과 기도하는 사람 간에 일어나는 개인적인 소통이다. 그 목적은 기도하는 사람을 강건하게 하기 위함이다. "사랑하는 자들아 너희는 너희의 지극히 거룩한 믿음 위에 자신을 세우며 성령으로 기도하며 하나님의 사랑 안에서 자신을 지키며"(유 1:20-21). 보다시피 유다는 우리가 성령으로 (즉 방언으로) 기도할 때 자신을 세운다고 말한다. 그러나 교회 안의 신자들에게 해석을 위한 방언을 할 때는 교회의 덕을 세운다(고전 14:5 참조). 하나님은 두 가지를 다 원하신다. 둘 다 중요하다.

많은 신자들이 궁금해 하는 것이 있다. "성령 충만하면서도 방언기도를 하지 않을 수 있는가?" 그렇다. 나는 사람이 성령으로 충만해도 방언으로 기도하지 않을 수 있다고 믿는다. 하지만 덧붙이고 싶은 말이 있다. 누구든지 성령으로 충만한 사람은 방언으로 기도할 능력이 있다. 많은 신자들이 이 은사를 사용하지 못하는 이유는 아직 믿음으로 자신을 거기에 맡기지 않았기 때문이다. 하나님의 각 은사를 받아서 실제로 활용하는 것은 믿음으로 되는 일이다.

이렇게 생각해 보라. 두 사람이 강물 속에 들어간다. 한 사람은 가만히 서서 강물이 자기를 휘돌아 흘러가게 한다. 다른 사람은 몸의 힘을 빼고 강물의 흐름에 자신을 맡긴다. 가만히 서 있는 사람이나 물에 자신을 맡기는 사람이나 둘 다 물속에 있기는 마찬가지다. 하지만 후자만이 강물이 흘러가는 대로 따라갈 수 있다. 방언으로 기도하는 사람을 강물의 흐름에 자신을 맡기는 사람에 비유할 수 있다. 반대로 아직 방언기도를 하지 않는 신자는 물속에 있되 그 흐름에 자신을 맡기지 않은 사람이다. (성령께 자신을 맡기는 법은 다음 장에서 다룰 것이다.)

성령과의 교제는 예수님의 죽음과 부활을 통해 우리에게 주어진 많은 복 중 하나다. 하지만 이 교제를 충만한 분량까지 경험하는 일은 구원의 순간에 저절로 되지 않는다. 안타깝게도 많은 신자들이 구원의 선물에 담긴 특정한 요소들을 다 누리지 못한다. 우리는 하나님이 주시려는 것을 전부 얻고자 힘써야 하며, 예수님이 목숨을 버리면서까지 우리에게 주시려 한 것을 전부 발견해야 한다. 그 작업이 그리스도 안에서 우리 여정의 큰 부분을 차지한다. 앞서 말했듯이 성령은 우리를 준비시키시고 능력을 주신다. 그 능력으로 우리는 자신에게 맡겨진 하나님 나라의 일을 감당할 수 있다. 성령을 통해 주시는 은사를 저버린다면 우리는 하나님과 더 친밀해질 수 없을 뿐만 아니라 그분을 잘 섬기는 데 필요한 능력까지 저버리게 된다.

방언 4. 중보기도를 위한 사적 방언

이와 같이 성령도 우리의 연약함을 도우시나니 우리는 마땅히 기도할 바를 알지 못하나 오직 성령이 말할 수 없는 탄식으로 우리를 위하여 친히 간구하시느니라 마음을 살피시는 이가 성령의 생각을 아시나니 이는 성령이 하나님의 뜻대로 성도를 위하여 간구하심이니라(롬 8:26-27).

이 본문은 "성령도 우리의 연약함을 도우시나니"라는 말로 시작된다.

바울이 말하는 연약함이란 무엇인가? 그다음에 답이 나온다. "우리는 마땅히 기도할 바를 알지 못하나 오직 성령이 말할 수 없는 탄식으로 우리를 위하여 친히 간구하시느니라." 간단히 말해서 우리의 연약함이란 우리를 둘러싼 세상의 일이 어떻게 돌아가는지 일부밖에 알 수 없다는 것이다. 그래서 우리는 어떻게 기도해야 할지 막막할 때가 있다. 하지만 성령께 의지하여 성령으로 중보하면 그분이 우리를 통해 하나님의 온전하신 뜻대로 기도하신다. 성령은 모든 것을 아시기 때문이다.

대학 시절에 나는 퍼듀 캠퍼스의 남녀 기숙사 학생들을 상대로 성경공부를 인도했다. 성경공부에 나오던 한 여학생은 방언이 그쳤다고 믿는 교단에서 자랐다. 어느 날 그녀는 성령에 대한 나의 가르침을 듣고 깨달았다. "방언은 지금도 있다! 이렇게 성경에 나와 있다!" 그날 밤 그녀는 성령의 충만함을 받았다.

이튿날 나는 새벽 6시 반에 울리는 전화벨 소리에 잠이 깼다. 성경공부에 참석했던 그 여학생이 만나고 싶다고 전화한 것이다. 겨우 침대에서 기어 나와 밖으로 나가니 그녀가 기다리고 있었다. 나는 비몽사몽간인데다 이른 새벽에 잠이 깨어 약간 짜증이 난 상태였다. 그런데 그녀는 기뻐서 어쩔 줄 몰랐다. "무슨 일인가요?" 내가 물었다.

그녀는 "하나님이 5시에 나를 깨우셨어요. 방언으로 기도하고 싶어 그냥 시작했어요. 느낌에 중보기도 같더군요. 내가 왜 이렇게 간절히 방언기도를 하고 있느냐고 하나님께 여쭈어 보았지요. 주님은 '너는 어떤 할아버지의 생명을 위해 중보기도하고 있는 거다' 그러셨어요. 그래서 방언기도를 계속했지요. 6시에 내 룸메이트한테 비상 전화가 걸려 왔어요. 그 친구의 할아버지가 심장 발작을 일으켜 급히 병원으로 실려 갔다는 거예요. 다행히 목숨을 건졌답니다"라고 말했다.

그녀는 이렇게 덧붙였다. "성령께서 '네가 기도한 사람이 바로 그 사람이다' 하고 말씀해 주셨어요."

이것은 중보기도를 위한 방언의 아주 좋은 예다. 그녀는 상대방의 목숨이 위중함을 몰랐지만 성령은 아셨다. 그녀가 자신이 아는 것만 가지고 기도했다면 그를 위해 중보할 수 없었을 것이다.

나의 어머니는 플로리다 주에 살고 있으므로 지금 이 순간 어머니에게 무슨 일이 일어났는지 나는 알 수 없다. 캘리포니아 주에 사는 내 누이의 상황도 모른다. 하지만 성령은 두 사람을 위한 하나님의 온전하신 뜻을 아신다. 그래서 내가 성령을 따라 기도로 동역하면 그분이 나를 통해 중보하신다. 성령은 모든 것을 살피시고 모든 것을 아신다. 우리를 통해 기도하시도록 성령께 기회를 드리면 깊은 평안이 찾아온다.

사적 방언을 삼가야 할 경우

여기서 중요하게 알아 둘 것이 있다. 두 종류의 사적 방언에는 예외의 상황이 있다. 신자들이 모두 성령 충만하여 함께 방언으로 기도하는 경우가 있다. 그럴 때는 전원이 함께 성령으로 기도하는 것이 적절하다. 하지만 신자들이 공공의 장소에서 방언기도를 삼가야 할 경우도 있다. 바울은 이렇게 말했다.

> 그러므로 온 교회가 함께 모여 다 방언으로 말하면 알지 못하는 자들이나 믿지 아니하는 자들이 들어와서 너희를 미쳤다 하지 아니하겠느냐(고전 14:23).

본문에 두 부류의 사람들이 언급된다. 첫째는 믿지 아니하는 자들이다. 이는 예수 그리스도를 주님으로 영접하지 않아 아직 믿음에 들어서 지 못한 사람들을 말한다. 두 번째 부류는 알지 못하는 자들이다. 이들은 예수님을 믿기는 하지만 아직 성령의 언어에 대해 배우지 못한 사람들이다. 이 두 부류에 해당하는 사람들에게는 다른 사람들이 함께 방언으로 기도하는 분위기가 불편하게 느껴질 것이다. 그래서 방언하는 사람들이 미친 것처럼 생각될 수 있다.

안타깝게도 나는 주일 아침예배 때 많은 사람들이 통성으로 방언기도 하는 모습을 한두 번 본 적이 있다. 인도자가 그렇게 하라고 권했다. 사실 나도 한때 이해가 부족해서 그런 식으로 이끈 적이 있다. 대개 주일 아침예배에는 방문자들이 있게 마련이며, 그중에는 믿지 않는 자들이나 알지 못하는 자들도 많다. 그렇다면 그들은 '이 사람들이 미쳤나?' 하고 생각했을 것이다. 나는 그런 교회들일수록 잘 성장하지 못하며 지역 사회에 다가가지 못하는 것을 본다. 고린도전서 14장 23절의 지혜를 따르지 않아서가 아닐까? 교회가 알지 못하는 자들과 믿지 아니하는 자들을 고려하지 않고 계속 그런 식으로 한다면 그들은 다시 교회에 오지 않을 것이다.

반면에 신자들이 토요일 아침이나 월요일 밤 등에 교회에서 기도회로 모일 때가 있다. 그런 모임에는 모두 믿는 자들과 아는 자들만 있다. 이렇게 주님을 섬기거나 중보기도를 위해 모인 자리라면 단체로 방언기도 하기에 딱 좋다.

간단히 말해서 바울의 말은 신자들이 단체로 모인 자리에서는 '사적 방언'을 절대로 해서는 안 된다는 말이 아니다. 다만 믿지 아니하는 자들과 알지 못하는 자들이 동석한 공공의 장소에서는 방언을 상황에 맞게 해야 한다고 가르치고 있는 것이다.

방언을 금하지 말라

> 그런즉 내 형제들아 예언하기를 사모하며 방언 말하기를 금하지 말라
> 모든 것을 품위 있게 하고 질서 있게 하라(고전 14:39-40).

바울은 교회가 방언이라는 놀라운 은사를 잘못 다룰 것을 알았다. 그래서 우리에게 이렇게 촉구했다. "상황에 맞게 바른 종류의 방언을 하라. 일부 신자들이 성령의 이 특별한 은사를 오용했다고 해서 방언을 아예 금해서는 안 된다." 불행히도 교회는 성령의 많은 것들에 무지하다. 이것은 비참한 일이다. 성령께서 보냄 받으신 목적이 교회에 능력을 주시기 위함이기 때문이다. 하나님은 그분의 나라를 진척시키실 도구로 교회를 택하셨다. 그리스도 안에서 얻은 우리의 신분에는 능력이 따라온다. 그 능력을 깨닫고 사용하지 않는다면 우리도 왕권을 행사하지 않는 왕과 다를 바 없다.

방언이 그쳤다는 생각 때문에 성령의 이 놀라운 은사를 놓치고 사는 신자들이 얼마나 많은가? 하나님의 의중은 분명하다. "나는 너희가 다 방언 말하기를 원하나"(고전 14:5). 방언의 은사가 성령의 능력에서 아주 중요한 부분임을 잊지 말라. 방언은 우리와 하나님의 친밀한 관계에서도 아름다운 한 부분이다. 당신이 이 놀라운 은사를 받아들이고 날마다 성령의 능력과 임재 안에서 자라 가기를 기도한다.

성령님의 은사에는 목적이 있다

누구나 할 일을 얻어, 하나님이 어떤 분이신지 알릴 수 있습니다. 누구나 그 일에 참여할 수 있고, 누구나 유익을 얻을 수 있습니다(고전 12:7, 메시지).

성령께서 우리에게 특정한 은사를 주신 것은 예수님이 시작하신 일을 계속하게 하기 위해서다. 은사는 다양하지만 "이 모든 일은 같은 한 성령이 행하사 그의 뜻대로 각 사람에게 나누어 주시는 것"이다(고전 12:11).

성령의 은사는 오늘을 위한 것인가? 예수님이 하신 일을 우리도 해야 하는가? 두말할 나위가 없다. 아프리카 대륙 전역에서 수백 만의 사람들이 그리스도께로 돌아오는 것을 본 전도자 라인하르트 본케(Reinhard Bonnke)는 이렇게 선포했다.

> "나는 하나님이 자신의 사람들을 위해 기적을 행하신다고 확신한다. 예수께서 이 땅에 사실 때 그분을 따라다닌 표적이 오늘 우리의 삶에도 나타날 수 있고 나타나야 한다고 믿는다. 예수님은 제자들에게 '나를 믿는 자는 내가 하는 일을 그도 할 것이요 또한 그보다 큰일도 하리니 이는 내가 아버지께로 감이라'고 말씀하셨다."[6]

갑자기 닥친 상황으로 마음이 무너지고 도무지 엄두가 안 나서 어떻게 기도해야 할지 막막했던 적이 있는가? 당신만 그런 게 아니다. 무수히 많은 성도들이 똑같은 경험을 한다. 그럴 때 하나님은 당신이 그분을 피해 달아나는 게 아니라 그분께 달려오기를 원하신다. 마음을 닫아거는 게 아니라 활짝 열기를 원하신다. 당신이 뭐라고 말하고 어떻게 기도해야 할지 모를 때도 당신 안에 사시는 그리스도의 영은 아신다.

하나님은 우리가 "항상 성령 안에서 기도"하기를 원하신다(엡 6:18). 몸의 고초와 오랜 옥고를 용감히 견딘 귀한 사역자 워치만 니(Watchman Nee)는 이렇게 말했다.

> "감사하게도 전능하신 성령께서 우리를 도우신다. 우리는 내주하시는 성령께 의지해야 한다. 그분은 능력으로 우리 안에서 역사하시며, 우리가 연약하고 무지할 때마다 우리를 도우신다. 우리가 어떻게 기도해야 할지 모를 때도 내주하시는 성령은 하나님의 뜻을 아시므로 우리에게 하나님의 생각대로 기도하도록 가르쳐 주신다."[7]

• 당신은 자신과 다른 사람들을 위해, 혹은 닥친 상황에 대해 어떻게 기도해야 할지 늘 알고 있는가? 아니 오히려 모를 때가 더 많지 않은가? 기도할 때마다 우리는 어떤 자세로 하나님께 나아가야 하는가?

1. 성령 충만은 우리가 구원받는 순간 성령께서 우리 안에 내주하시는 것과는 다르다. 그 차이를 이해하는 것이 중요하다. 이 두 가지 특별한 경험을 당신은 어떻게 설명하겠는가?

2. 예수님은 제자들에게 그분의 나라를 위한 일에 뛰어들기 전에 성령 충만을 기다리라고 명하셨다(행 1:4-5 참조). 그 이유가 무엇이라고 보는가? "위로부터 능력을 받기까지 기다리는" 이 원리에서 우리가 배울 수 있는 교훈은 무엇인가? 그것을 오늘 우리의 삶에 어떻게 적용할 수 있는가?

3. 성령 충만은 우리에게 방언을 말하는 능력을 가져다준다. 방언이란 단순히 우리의 지식으로 알아들을 수 없는 언어다. 오순절 날 당신이 외국에서 예루살렘을 방문한 신실한 유대인 중 하나였다고 상상해 보라. 신자들은 예수 그리스도를 통한 구원에 대해 당신의 모국어로 말했다. 그 말을 듣고 당신은 어떻게 반응했겠는가?

4. 신자들이 성령으로 충만해지면 거의 매번 일관되게 나타나는 두 가지 역동이 있다. 그것은 무엇인가? 고넬료와 그 가족들의 경우에 하나님은 구원과 성령 충만을 동시에 주신 것으로 보인다. 그 이유가 무엇인가? 당신이 하나님을 어떤 '종교적 틀'에 가두어 두었는데 그분이 그 틀을 깨뜨리신 적이 있는가? 그리하여 그분의 정체에 대한 당신의 이해를 넓혀 주신 적이 있는가? 그 이야기를 나누어 보라.

5. 바울은 누구나 다 방언을 하는 것은 아니라고 했고(고전 12:27-30 참조), 또 방언이 그칠 것이라고 했다(고전 13:8-12 참조). 예언과 방언이 오늘의 신자들을 위한 것이라면 바울의 그런 말은 무슨 뜻인가? 이 구절들을 주의 깊게 읽고 설명해 보라.

6. 성경에는 네 가지 종류의 방언이 나온다. 다음 본문들을 읽고 그 네 가지를 찾아보라. 이처럼 하나님은 자신의 교회에 성령의 나타나심을 여러 가지로 다르게 주셨다. 그 이유를 설명해 보라.

> 고린도전서 14:22
> 고린도전서 12:10
> 고린도전서 14:14-15
> 로마서 8:26-28

방언의 네 가지 종류의 차이를 이해하는 것이 왜 중요한가?

7. 신자가 성령으로 세례를 받고도 방언을 하지 않을 수도 있는가? 그렇게 생각한 이유는 무엇인가? 이런 현상이 나타나는 몇 가지 흔한 이유는 무엇인가?

방언을 말하는 자는 사람에게 하지 아니하고 하나님께 하나니

이는 알아듣는 자가 없고 영으로 비밀을 말함이라(고전 14:2).

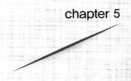

chapter 5

"네게 비밀을 나타내고 싶단다"

성령님을 통해
비밀 주파수에 접속할 수 있다

성령님의 언어는
원수가 해독할 수 없다

여러분이 자기만 아는 방언으로 하나님을 찬양하면, 하나님은 알아들으시지만… 여러분이 하나님과만 사귐을 갖고 있기 때문입니다(고전 14:2, 메시지).

하나님과의 개인적 만남이 메시지성경에 잘 번역되어 있다. 방언은 '하나님과만' 나누는 생생한 사귐이다.

바울은 고린도전서 14장 2절에서 방언을 "알아듣는 자가 없는 말"이라고 표현했다. 애석하게도 놀라운 은사인 사적 방언을 오해하거나 완전히 무시하는 사람들이 교회 안에도 많다. 이는 방언을 사용한 사람들이 친밀함을 나누기 위한 적절한 때와 장소를 구별할 줄 몰랐기 때문이다.

부부가 친밀함을 누리는 데도 때와 장소가 있다. 결혼하기 전이 그때인가? 아니다. 공적 환경이 그 장소인가? 물론 아니다. 하나님이 주신 아름다운 것도 엉뚱한 상황에 놓이면 천박하고 부적절해질 수 있다. 하나님이 의도하신 성적 친밀함은 혼인 서약을 교환한 후에 한해서 사적으로 누리도록 되어 있다.

마찬가지로 방언도 어떤 종류는 사적으로만 표현되어야 한다. 본래 목적이 친밀함을 위한 것이기 때문이다. 영적 친밀함도 육체적 친밀함처럼 때와 장소에 맞게 적절히 표현되어야 한다. 인류는 하나님이 선물로 주신 섹스를 그분이 본래 계획하고 목적하던 바와 다르게 변질시켰다. 하지만 그렇다고 해서 그리스도인들이 이 선물을 버려야 하는가? 물론 아니다! 마찬가지로 우리는 방언이라는 선물도 경시하거나 멸시해서는 안 된다.

방언의 은사가 오용되거나 심지어 남용되는 것을 본 사람들이 교회에 의외로 많은 것으로 안다. 그러나 일각에서 방언을 오해하거나 오용한다고 해서 그리스도의 몸 된 교회가 이 은사에 대해 교육하지 않아서는 안 된다. 그래서 이번에는 천상의 언어의 친밀성을 살펴볼 것이다. 이를 통해 당신은 방언이 우리 삶 속에서 지니는 목적과 의미를 더 잘 이해하게 될 것이다.

성령이 진리의 영이심을 잊지 말라. 하나님 말씀의 지혜에 마음을 열면 성령께서 당신에게 모든 진리를 가르치신다. 잠시 멈추어 지금 이 시간에 그분을 모시라. 말씀에 어긋나는 모든 선입관이나 잘못된 생각을 당신의 머릿속에서 없애 달라고 기도하라. 무한히 크신 하나님을 당신의 유한한 이해로 규정하고 제한한다면 결코 하나님의 충만하심을 경험할 수 없다.

하나님의 비밀 작전

대통령에게 저녁 초대를 받는다면 나로선 영광일 것이다. 대통령은 지상에서 지식과 권력이 가장 많은 사람 중 하나다. 휘하에 수많은 기관을 거느리고 있기 때문에 대통령이 얻을 수 없는 정보는 별로 없다. 나랏일에 대한 대통령의 지식은 내 지식을 훨씬 능가한다. 그는 최고 사령관이지만 나는 관직이 없는 일개 시민이다. 그러므로 국사를 논한다면 대통령이 내 이해의 수준에서 말해야 한다. 그렇지 않으면 나는 그의 말을 알아들을 수 없다.

마찬가지로 우주의 왕을 대할 때도 나는 그분의 수준에서 대화할 수 없다. 대통령은 한 나라의 사정을 많이 알지 모르지만 하나님은 모든 것을 아신다. 그분께 숨겨진 것은 아무것도 없다. 내 이해를 따라 하나님께 기도하면 내 관점과 지식을 벗어날 수 없다. 하나님은 자기 자녀들과의 친밀함이 이렇게 제한된 수준에 머무는 데 만족하시지 않는다. 그래서 그분의 수준에서 교제할 수 있는 길을 우리에게 열어 주셨다. 바로 성령을 선물로 주신 것이다. 마치 하나님이 이렇게 말씀하신 것과 같다. "나의 자녀들과의 교제가 나의 지식과 이해와 지혜보다 훨씬 낮은 수준에 묶이는 것은 싫다. 그들에게 나와 더 깊은 교제로 들어갈 수 있는 능력을 주고 싶다. 그래서 나의 자녀들에게 나의 영을 주겠다. 나의 영이 그들을 도와줄 것이다." 성령의 임재와 사귐 덕분에 우리는 창조주와 더불어 깊은 친밀함을 경험할 수 있게 됐다.

하나님의 뜻과 길은 우리의 제한된 이해를 초월한다. 하지만 성령 안에서 기도하면 우리 자신의 이해를 따라 기도하는 게 아니라 성령의 뜻대로 기도하는 것이다. 다시 한 번 말한다. 성령 안에서 기도할 때 우리는 하나님의 온전하신 뜻대로 기도한다.

우리의 씨름은 혈과 육을 상대하는 것이 아니요 통치자들과 권세들과 이 어둠의 세상 주관자들과 하늘에 있는 악의 영들을 상대함이라(엡 6:12).

때로 우리가 잊기 쉽지만 사탄은 인류에게 전면전을 선포했다. 언제나 그의 전략은 우리를 생명의 근원 자체이신 창조주와 분리시키는 것이다. 하지만 하나님은 적의 계략을 훤히 아신다. 지혜가 무한하신 하나님은 사탄의 계획을 좌초시킬 비밀 작전을 세우셨다. 국면을 전환시킬 이 작전을 바울은 고린도전서 2장 7-8절에서 이렇게 설명했다. "오직 은밀한 가운데 있는 하나님의 지혜를 말하는 것으로서 곧 감추어졌던 것인데 하나님이 우리의 영광을 위하여 만세 전에 미리 정하신 것이라 이 지혜는 이 세대의 통치자들이 한 사람도 알지 못하였나니 만일 알았더라면 영광의 주를 십자가에 못 박지 아니하였으리라."

바울은 지금 십자가의 능력을 말하고 있다. 이것은 "감추어졌던" 비밀인데 예수께서 죽으시고 부활하신 뒤에 계시되었다. 예수께서 십자가에서 희생하신 덕분에 우리는 하나님과의 친밀한 관계 속에 들어갈 수 있고, 그리하여 원수의 해묵은 계획을 꺾어 놓을 수 있다.

이 세대의 통치자들에게 감추어졌던 비밀은 하나님이 계획하신 십자가만이 아니다. 하나님의 지혜(그분의 말씀)에는 감추어진 부분들이 많다. 그것은 성령을 통해서만 발견하고 분별할 수 있다. 따라서 우리 신자들은 성령과의 교제를 통해 감추어진 비밀들을 알 수 있다. 이미 말했듯이 하나님은 우리를 구원하시는 것으로 만족하시지 않았다. 그분은 또한 우리에게 그리스도 안의 신분을 주셨고, 우리 영혼을 괴롭혀 온 오랜 원수를 이길 권세와 능력도 위임하셨다. 이제 우리는 하나님 나라의 상속자이자 전사이며, 우리의 목적은 그리스도의 대업을 진척시키는 것이다. 지혜로우신 하나님은 자신의 대의를 위해 싸우는 우리에게 자신의 온전한 계획을 은밀히 알려 주실 방도를 마련하셨다.

전시에 군은 '언어' 자체를 새로 지어내 작전과 정보를 몰래 전달한다. 대개 복잡한 암호를 만들어 내고 통신용 주파수를 보호한다. 그 이유가 무엇인가? 목숨을 지키고 작전에 성공하려면 기밀 유지가 필수이기 때문이다. 적에게 계획이 들통 나면 적이 그 정보를 바탕으로 역공을 꾀할 수 있다. 하나님의 자녀인 우리는 성령을 통해 천국의 비밀 주파수에 접속할 수 있다. 덕분에 우리는 최고 사령관의 계획을 적에게 들키지 않고 하나님의 비밀 작전을 알 수 있다. 바울의 말은 이렇게 이어진다.

> 모든 기도와 간구를 하되 항상 성령 안에서 기도하고 이를 위하여 깨어 구하기를 항상 힘쓰며 여러 성도를 위하여 구하라(엡 6:18).

하나님이 우리에게 기도를 명하신 데는 그만 한 이유가 있다. 이 땅에서 우리는 어둠의 세력과 싸워야 할 그분의 전사들이다. 우리의 가장 막강한 무기 중 하나는 성령 안에서 하는 기도다. 이것 때문에 원수는 하나님이 펴신 작전의 배후에 깔린 계획과 목적을 도무지 알 길이 없다.

때로 하나님은 어느 엄마의 심령에 역사하여 아들을 위해 중보하게 하신다. 엄마는 아들의 삶에 무슨 일이 벌어지고 있는지 전혀 모르지만 성령에 이끌려 기도를 시작한다. 천상의 언어로 기도할 때 엄마는 실제로 영적 세계에 명령을 내리는 것이며 하나님의 온전하신 뜻대로 아들을 위해 기도하는 것이다. 그래서 성경은 우리에게 "지략을 베풀고 전쟁할지니라"(잠 20:18)고 했다.

천상의 언어는 우리의 이해를 초월하며 시간이나 공간의 제약도 받지 않는다. 성령 안에서 기도할 때 우리는 더 이상 자신의 이해에 의지하지 않고 성령의 무궁무진한 지혜에 의지한다. 바울이 "나는 너희가 다 방언 말하기를 원"한다고 말한 많은 이유 중 하나가 바로 이것이다.

천상의 언어는 하나님과 그분의 자녀들 사이의 은밀한 대화이므로 원수가 그것을 해독할 수 없다. 그래서 천상의 언어는 우리와 우리의 동료 신자들을 해치려는 원수의 궤계를 물리치는 데 특효가 있다.

> 내가 너희에게… 원수의 모든 능력을 제어할 권능을 주었으니(눅 10:19).

이 땅에 하나님 나라를 강력하게 진척시키려면 영적으로 무장해야 하는데 우리 신자들은 이미 그런 무장을 받았다(마 11:12 참조). 교회는 이 땅에서 그리스도의 몸이다. 앞서 보았듯이 예수님은 더 이상 몸으로 이곳에 살지 않는다. 우리가 하나님 나라의 대사이자 전사로서 하나님께 받은 능력을 발휘해야 한다. 그래야 회복과 해방과 구속(救贖)이 필요한 사람들이 변화를 맛볼 수 있다. 하지만 성령의 능력이 없이는 우리는 결코 구원을 잃고 죽어 가는 세상에 대해 그리스도의 몸이 될 수 없다. 사탄과 그의 일당은 당신을 두려워하지 않는다. 하지만 사탄은 그리스도 안에서 받은 당신의 신분과 지존자의 아들딸로서 당신이 휘두르는 능력에는 겁을 먹는다.

성령님의 언어는 원수가 해독할 수 없다

여러분이 자기만 아는 방언으로 하나님을 찬양하면, 하나님은 알아들
으시지만… 여러분이 하나님과만 사귐을 갖고 있기 때문입니다(고전
14:2, 메시지).

성령의 언어로 기도할 때 누리는 가장 큰 유익은 하나님과 더 친밀해
지는 것이다. 만물의 주께서 우리와 교제하고 사귀기를 간절히 원하셔
서 자신의 영을 우리의 영 안에 두셨다. 이제 우리는 그분의 수준에서
그분과 소통할 수 있다. 얼마나 놀라운 일인가! 케네스 해긴(Kenneth E.
Hagin) 목사는 이렇게 말했다.

"하나님은 영이시다. 방언으로 기도하면 우리 영이 영이신 하나님과
직접 교통한다. 하나님의 초자연적 수단으로 그분께 말씀드리는 것이
다. …방언은 성령께서 충만하시다는 증거의 시작일 뿐 아니라 평생 동
안 계속되는 경험이다. 방언의 목적은 무엇인가? 하나님을 예배하도록
우리를 돕는 것이다. 계속 방언으로 기도하고 하나님을 예배하면 그분
의 내주하시는 임재를 늘 의식할 수 있다. 성령의 내주하시는 임재를
날마다 의식할 수 있다면 그것이 내 생활방식에 영향을 미칠 수밖에
없다."[1]

- 우리가 하나님과 친밀하게 소통하려면 날마다 성령 안에서 기도하고 하나님의 말씀을 섭취하는 것이 중요하다. 당신이 날마다 하나님과 교제하는 시간은 언제이고 장소는 어디인가? 아직 정해진 시간과 장소가 없다면 성령께 언제 어디서 당신을 만나 깊은 사랑을 보여 주기 원하시는지 여쭈어 보라.

- 당신은 방언의 은사를 경시하거나 꺼려해 왔는가? 만일 그렇다면 그 이유가 무엇인가? 이제 방언의 은사를 멸시한 것을 하나님께 회개하고 이제 새롭게 성령으로 충만하게 해달라고 기도하라.

- 성령께서 당신에게 이렇게 말씀하신다고 상상해 보라. "나는 너를 사랑한다. 내가 준 것을 사용하겠느냐? 이미 받은 어휘로 기도하여 나를 존중하고 사랑하겠느냐?" 잠시 시간을 내서 그분께 반응하라. 내밀한 기도의 언어인 당신의 방언을 다른 사람들의 방언과 비교하지 말라. 성령께서 주신 어휘를 잘 맡아 관리하라.

성령님은
하나님의 비밀을 나타내신다

아내와 나는 함께 지낸 지 오래다 보니 우리만의 사소한 언어가 생겨났다. 내가 "CBOI"라고 말하면 아내는 무슨 뜻인지 알아차린다. 우리가 결혼하던 당시에는 새로운 사역마다 뒤에 '아웃리치 인터내셔널'이라는 말이 붙은 것 같다. 그래서 리자와 나는 '토끼 껴안기 아웃리치 인터내셔널'(Cuddle Bunny Outreach International)을 만들기로 했다. 서로 바라보며 "CBOI"라고 말하면 포옹이나 키스를 해달라는 뜻이다. 누가 들었다면 저게 무슨 소리냐고 했을 것이다. 실없는 말이지만 리자와 나만 아는 밀어(密語)다. 이것은 우리 둘 사이에 생겨난 많은 친밀한 소통 수단 중 하나에 지나지 않는다.

마찬가지로 천상의 언어로 기도하면 하나님과 친밀하게 소통할 수 있다. 이에 대해 이렇게 항의하는 사람도 있을 것이다. "하지만 내 기도가 무슨 내용인지 나 자신도 모른다. 성경에도 '내가 만일 방언으로 기도하면 나의 영이 기도하거니와 나의 마음은 열매를 맺지 못하리라'(고전 14:14)고 하지 않았는가?" 그 말은 맞다. 하지만 그래서 바로 앞 구절에 이런 말씀이 있다. "그러므로 방언을 말하는 자는 통역하기를 기도할지니"(13절). 나는 방언으로 기도하거나 방언으로 하나님과 교제할 때면 내 기도를 해석해 달라고 구한다. 그러면 어떻게 되는지 아는가? 내 영으로부터 아이디어와 지혜와 계시가 퐁퐁 솟아오른다. 깊은 바다 속에 갇혀 있던 공기가 위로 떠오르듯이 통찰이 보글보글 솟는다는 표현이 가장 적절할 것 같다. 내 속사람의 깊은 곳에서 계시가 풀려나와 내 사고나 이해의 표면으로 떠오른다.

예를 들어 보자. 잘 이해가 안 되는 성경 구절을 만나면 나는 "성령님, 가르쳐 주십시오" 하고 아뢴다. 그러고는 방언기도를 시작한다. 계시가 당장 오지 않을 수도 있다. 대개 나중에 운전하거나 샤워하거나 그냥 쉬거나 골프를 치고 있을 때 온다. 갑자기 불쑥 생각이 떠오른다! 이것은 내가 성령과 친밀하게 지낸 결과다. 즉 내가 그분의 통찰을 구했기 때문이다. 하나님은 겸손한 사람들에게 자신의 비밀을 알려 주신다. 겸손히 성령의 인도를 구할 때 우리는 그분과 더 친밀해지고 더 큰 영적 가르침을 받는다.

영적 능력도 마찬가지다. 바울은 성령께 직접 들은 말씀을 이렇게 기록했다.

나에게 이르시기를 "내 은혜가 네게 족하도다 이는 내 능력이 약한 데서 온전하여짐이라" 하신지라 그러므로 도리어 크게 기뻐함으로 나의 여러 약한 것들에 대하여 자랑하리니 이는 그리스도의 능력이 내게 머물게 하려 함이라(고후 12:9).

하나님은 겸손한 사람들에게 은혜를 부어 주신다. 그 은혜가 곧 능력이다. 바울도 겸손히 자신의 "약한 것들"을 인정했다. 당신이 성령의 무한한 지혜에 겸손히 자신을 의탁하면 하나님의 능력이 더 크게 당신에게 임한다. 이 역시 성령과 친밀하게 지냄으로써 얻는 선물이다.

서구 사회는 결과 지향적이다. 대개 우리는 노력이나 투자의 결과가 금방 보이지 않으면 결심이 약해진다. 우리가 이해해야 할 것이 있다. 성령 안에서 기도할 때 우리는 미래에 투자하는 것이다. 성령의 가르침이 이해의 표면으로 퐁퐁 솟아오를 때까지는 때로 시간이 걸린다. 성령 안에서 기도하려면 믿음이 필요하다. 그런 기도는 우리가 인간의 제한된 이해를 포기할 때 시작되기 때문이다. 이 기도는 우리의 믿음을 키워 주고 하나님의 지혜를 이해하는 역량을 높여 준다.

이번 장의 초점은 성령 안에서 하는 기도에 있지만 평소의 언어로 하는 기도도 매우 유익하다. 바울이 분명히 말했듯이 우리에게는 그 두 가지 기도가 모두 필요하다.

> 내가 영으로 기도하고 또 마음으로 기도하며 내가 영으로 찬송하고 또 마음으로 찬송하리라(고전 14:15).

마음으로 즉 내가 알아들을 수 있는 평소의 언어로 기도하면 그것이 나의 사고에 직접 덕을 끼친다. 깊은 감정과 열정을 불러일으킨다. 나를 아내, 자녀, 친구, 동역자 등 내 기도 대상자들과 연결시켜 준다. 마찬가지로 하늘 아버지의 위대하심을 평소의 언어로 선포하면 내게 감사가 물밀듯이 밀려온다.

나는 평소의 언어로 하는 기도도 성령의 인도에 따라서 할 때가 있다.

사실 이것은 성령 안에서 하는 기도의 또 다른 형태다. 하지만 대개는 먼저 성령 안에서 기도한다. 그러면 하나님이 방금 내가 기도한 내용을 해석해 주시거나 알려 주신다. 그러고 나면 평소의 언어가 내 입에서 강물처럼 흘러나온다.

성령 안에서 하는 기도의 중요성을 말하고 있지만 그렇다고 내가 평소의 언어로 하는 기도의 필요성을 결코 과소평가하는 것은 아니다. 오히려 내가 하고 싶은 말은 건강한 기도 생활에 두 가지 기도가 다 포함된다는 것이다. 하나님 안에서 살아가는 우리 삶에는 양쪽 모두가 꼭 필요하다.

성령이 곧 우리 생명의 원천

잠언 20장 27절에 "사람의 영혼은 여호와의 등불이라 사람의 깊은 속을 살피느니라"는 말씀이 있다. 성령의 놀라운 역사는 먼저 우리의 사고가 아니라 우리의 영혼에 조명되고 계시된다. 그래서 우리는 성령 안에서 기도할 때 또한 해석을 믿고 구해야 한다. 그러면 성령께서 영혼에 주시는 계시가 풀려나와 이해의 표면으로 떠오른다.

잠언 20장 5절에 보면 "사람의 마음에 있는 모략은 깊은 물 같으니라 그럴지라도 명철한 사람은 그것을 길어 내느니라"고 했다. 하나님은 십자가의 능력을 통해 우리에게 새로운 마음을 주셨다(겔 36:26 참조). 이제 우리는 새로운 마음의 심연으로부터 능히 모략을 길어 낼 수 있다. 성령께서 상담자의 역할을 해주신다. 요한복음 7장 38-39절에 나오는 예수님의 말씀이 그것을 확증해 준다.

"나를 믿는 자는 성경에 이름과 같이 그 배에서 생수의 강이 흘러나오리라" 하시니 이는 그를 믿는 자들이 받을 성령을 가리켜 말씀하신 것이라(예수께서 아직 영광을 받지 않으셨으므로 성령이 아직 그들에게 계시지 아니하시더라).

이 구절은 또한 이사야 12장 3절을 연상시킨다.

그러므로 너희가 기쁨으로 구원의 우물들에서 물을 길으리로다.

요한이 명백히 밝혔듯이 예수님이 우리 속에서 흘러나오리라고 하신 '생수'는 곧 '성령'이다. 예수님은 왜 성령을 물에 비유하시는가? 물은 생명과 활력을 가져다준다. 물이 없으면 지구상에 생명체가 살아남을 수 없다. 성령이 곧 생수라는 예수님의 말씀은 성령이 생명의 정수 자체라는 뜻이다.

하나님은 "내 백성이 지식이 없으므로 망하는도다"(호 4:6)라고 말씀하신다. 무슨 지식이 없다는 뜻인가? 하나님이 의미하는 바는 특히 그분의 길과 목적을 아는 지식이다. 놀라운 소식은 하나님이 우리에게 성령을 보내셨다는 것이다. 그래서 이제 우리는 충만한 삶을 살아갈 수 있다. 그런 충만함은 그분의 마음을 아는 지식에서 비롯된다.

먼저 하나님이 누구인지 모르고는 그분을 섬길 수 없다. 우리 기관의 팀원들이 먼저 내 마음을 모르고는 나를 섬길 수 없는 것과 마찬가지다. 우리가 하나님의 말씀을 읽고 시간을 내어 기도하면 성령께서 우리에게 하나님의 마음을 알려 주신다. 이것이 기쁨의 삶을 살아가는 데 필요한 능력이다. 느헤미야 8장 10절에 "여호와로 인하여 기뻐하는 것이 너희의 힘이니라"고 했다. 다시 말해서 하나님을 기뻐할 때 우리는 힘을 얻어 앞일에 직면할 수 있다. 성령께서 원기를 회복시켜 주시기 때문이다. 당신은 어떨지 모르지만 나는 그분의 기쁨이 없이는 단 하루도 살고 싶지 않다.

방언기도로 하나님의 비밀을 길어 올려라

잠언과 요한복음의 말씀에서 보듯이 우리 속에서 흘러나오는 생수에는 하나님의 비밀 내지 은밀한 지혜가 담겨 있다. 또 우리는 하나님이 성령을 통해 이 통찰과 비밀을 알려 주신다는 것도 안다. 그러므로 이제 바울이 고린도전서 2장 7절에서 "오직 은밀한 가운데 있는 하나님의 지혜를 말하는 것"이라고 한 말을 다시 한 번 살펴보자.

여기 "은밀한"으로 번역된 헬라어 단어는 '신비롭다, 모호하다'는 뜻이 아니라 단순히 '감추어져 있다, 다 드러나지 않았다'는 뜻이다.[2]

이렇게 생각해 보라. 당신은 지금 고급 식당에 있다. 주방장이 식탁으로 와서 당신이 원하는 요리를 확인한다. 이어 그는 당신의 특유한 입맛대로 맞춤형 식사를 차려 낸다. 식사가 준비되자 웨이터가 당신 앞에 음식을 가져다 놓는다. 고급 식당답게 마지막 순간까지 음식이 뚜껑에 덮여 있다. 당신은 앞에 있는 것이 당신의 식사임을 안다. 하지만 요리는 아직 뭔가 비밀에 싸여 있다.

시간이 되자 웨이터가 "자, 드시지요!" 하며 뚜껑을 연다. 드디어 당신은 주방장이 당신을 위해 정성 들여 만든 식사를 눈으로 볼 수 있다. 뚜껑이 열리기까지 그 식사가 존재하지 않았던 게 아니다. 음식은 당신이 알기도 전부터 이미 존재했다. 다만 웨이터가 당신의 저녁식사의 비밀을 지금 공개했을 뿐이다. 주방장은 그 음식을 처음부터 알고 있었지만 당신에게는 뚜껑이 열리기까지 그것이 숨겨져 있었다.

하나님도 성령을 통해 그분의 숨겨진 계획을 열어 비밀을 공개하신다. 이제 우리도 성령과의 동역을 통해 다음과 같이 할 수 있다.

> 오직 은밀한 가운데 있는 하나님의 지혜를 말하는 것으로서… 이는 우리로 하여금 하나님께서 우리에게 은혜로 주신 것들을 알게 하려 하심이라 우리가 이것을 말하거니와 사람의 지혜가 가르친 말로 아니하고 오직 성령께서 가르치신 것으로 하니 영적인 일은 영적인 것으로 분별하느니라(고전 2:7, 12-13).

같은 편지의 뒷부분에 바울은 이렇게 썼다. "방언을 말하는 자는 사람에게 하지 아니하고 하나님께 하나니 이는 알아듣는 자가 없고 영으로 비밀을 말함이라"(고전 14:2). 상관관계가 보이는가? 방언으로 말할 때 우리는 하나님의 비밀을 말하는 것이다. 앞서 보았듯이 이런 비밀은 우리 마음 깊은 곳에 숨어 있다가(잠 20:5 참조) 우리 속에서 성령의 지혜가 흘러나올 때 생수처럼 길어 나온다(요 7:38-39 참조). 그러므로 방언기도가 우리에게 덕이 되는 이유는 그것이 '생수' 즉 생명의 정수 자체를 길어내기 때문이다. 덕분에 우리는 성령 자신의 가장 깊은 지혜를 이해할 수 있다!

앞서 말했듯이 나는 내 머리로 이해할 수 없는 성경 구절을 만날 때가 많다. 그럴 때면 성령 안에서 기도한다. 그러면 깨달음이 흘러나온다. 책을 쓰다가 갑자기 벽에 부딪힌 적도 많다. 더 이상 할 말이 없는 것 같다. 그럴 때 내가 할 수 있는 일이라고는 컴퓨터에서 물러나 방언으로 기도하는 것뿐이다. 그러면 대개 새로운 계시가 불쑥 찾아온다. 왜 그럴까? 성령의 생수가 내 속에서 흘러나오기 때문이다!

하나님과 교제하지 않으면 특정한 비밀이 당신에게 계속 숨겨져 있게 된다. 인간의 머리로는 그것을 알 수가 없다. 이런 비밀에는 당신이 어느 교회에 다녀야 하고, 누구와 결혼해야 하고, 어느 직장에 들어가야 하고, 어떤 집을 사야 하고, 지도자들을 위해 어떻게 기도하고, 어떻게 더 좋은 배우자가 되고, 자녀와의 갈등을 어떻게 해결하고, 직장에서 어떻게 탁월해지는가 등도 포함될 수 있다. 하나님이 우리의 머리로 알아서 하도록 내버려 두시지 않은 게 감사하지 않은가? 성령을 통해 우리는 내 삶을 향한 하나님의 최고의 계획을 발견할 수 있고 그분이 약속하신 평안을 누릴 수 있다.

성령님은 하나님의 비밀을 나타내신다

천국의 비밀을 아는 것이 너희에게는 허락되었으나… 무릇 있는 자는
받아 넉넉하게 되되 없는 자는 그 있는 것도 빼앗기리라(마 13:11-12).

예수님은 당신에게 하나님 나라의 비밀과 신비를 알 수 있는 기회가
주어졌다고 말씀하신다. 이런 비밀을 깨닫는 방법은 무엇인가? 성령과
의 관계 속에 거하는 것이다. 당신이 성령 안에서 기도하며 그분과 함께
시간을 보내면 하나님의 비밀이 드러난다.

작가이자 강사였던 오스왈드 챔버스(Oswald Chambers)는 하나님과의
친밀한 사랑을 매우 강조했다. 잘 알려진 그의 책《주님은 나의 최고봉》
에 이런 말이 나온다.

"친구란 누구인가? 당신에게 은밀한 슬픔을 말해 주는 사람이 아니라
은밀한 기쁨을 말해 주는 사람이다. 은밀한 슬픔을 털어놓을 사람은 많
다. 하지만 친밀함의 궁극적 표시는 은밀한 기쁨을 털어놓는 것이다."[3]

지금까지 성령께서 당신에게 계시하신 하나님의 가장 놀라운 비밀들
은 무엇인가? 그것이 왜 특별한가? 당신은 혼자만의 생각과 감정과 갈망
을 성령께 나누는가? 자신의 가장 큰 꿈이나 두려움에 대해 그분께 말씀

드릴 때가 있는가? 친구들끼리는 서로 그렇게 한다. 잠시 멈추어 그동안 털어놓지 못했거나 오랫동안 언급하지 못한 것을 그분께 아뢰어 보라.

하나님과의 소통에는 말하기만 있는 게 아니라 듣기도 있다. 둘의 균형이 필요하다. 시간을 내어 경청하지 않으면 성령께서 하시는 말씀을 들을 수 없다. 다시 챔버스의 말이다.

> "우리는 하나님이 그분의 기쁨을 말씀하시도록 기회를 드리는가? 아니면 계속 자신의 비밀을 털어놓느라 바빠 그분께는 발언할 기회를 주지 않는가? … 하나님은 우리가 그분과의 관계 속에 들어가 그분의 목적을 깨닫기를 원하신다. 예수 그리스도께서 생각하신 기도는 '아버지의 뜻이 이루어지이다'였다. 그 기도에 푹 잠겨 있으면 하나님의 비밀들을 알 수 있다. 우리는 그렇게 하고 있는가?"[4]

• 기도 중에도 말할 때가 있고 말없이 들을 때가 있다(전 3:1-17 참조). 성령께 이렇게 여쭈어 보라. "기도 중에 늘 저만 말합니까? 성령님의 비밀을 일러 줄 시간을 제가 드리고 있습니까? 저에게 뭔가 말씀하시려는데 제가 조용히 듣지 않은 적이 있습니까? 만일 있다면 그 내용이 무엇입니까?" 가만히 경청하라. 성령께서 들려주시는 말씀이 무엇인가?

성령님은
평안으로 인도하신다

갈라디아서 5장에서 보듯이 화평은 성령이 우리 삶에 임재하심으로 화합을 이루신다는 증거다. 평안은 놀라운 복이며 실제로 일상생활에 다양하게 적용된다.

내가 독신이었을 때는 장래의 아내가 누구인지 나에게 숨겨져 있었다. 그때 나는 리자 토스카노라는 여자와 사귀고 있었다. 나는 그녀가 참 좋았다. 깊은 매력을 느꼈고 성격도 마음에 들었다. 하지만 나는 하나님이 택해 주시는 여자와 결혼하고 싶었다. 리자는 애리조나 주에서 살았고 나는 텍사스 주에 있었다. 우리는 우리의 관계를 하나님의 인도하심에 따르고 싶었다. 어느 날 나는 리자에게 말했다. "앞으로 30일 동안 매일 30분씩 성령 안에서 기도합시다. 당신의 마음에 귀 기울이십시오. 불편하거나 꺼림칙한 느낌이 든다면 하나님이 우리의 관계를 진행하지 말라고 하시는 겁니다. 하지만 평안이 찾아온다면 성령께서 관계의 진도를 나가라고 이끄시는 것입니다." 기도하는 동안 우리는 각자 평안이 넘쳤고 기대감과 기쁨이 뒤따랐다. 기도 중에 들었던 마음을 30일 후에 터놓고 나누어 보니 둘의 경험이 동일했다. 우리는 더 깊은 만남을 지속시켰고 마침내 결혼에 이르게 되었다. 벌써 30년도 더 지난 일이다. 그때 우리 둘 다 평안을 경험한 것이 너무나 감사하다.

로마서 8장 14절에 "무릇 하나님의 영으로 인도함을 받는 사람은 곧 하나님의 아들이라"는 말씀이 있다. 본문을 계속 읽어 보면 성령께서 하나님의 자녀를 어떻게 인도하시는지에 대한 설명이 나온다. "성령이 친히 우리의 영과 더불어… 증언하시나니"(8:16). 성령께서 우리를 인도하시는 주된 방식은 바로 그분의 평안 혹은 증언을 통해서다.

당신이 하려는 일이 바르고 합리적인 결정 같아 보이는데도 왠지 그 생각만 하면 불편하고 꺼림칙한 느낌이 들던 적이 있는가? 그때 이런 생각을 했을 것이다. '뭐가 잘못된 거지? 아무리 봐도 올바른 결정 같은데 왜 이런 기분이 들지?' 당신이 당시에 성령과 교제하고 있었다면 그런 불편한 느낌은 "그쪽 길로 가지 말라"는 성령의 음성이라고 확신할 것이다. 나 역시 그런 경험이 많다. 잘 이해할 수 없지만 성령의 인도에 따른 것이 몇 년이 흐른 뒤에야 비로소 이해되는 일도 있다. 그때마다 나는 그분을 신뢰하는 법을 배웠다. 성령의 지혜는 시간이나 공간의 제약을 받지 않음을 잊지 말라. 그러므로 그분은 늘 당신의 미래를 내다보시며 현재를 인도하신다.

그런가 하면 커다란 모험처럼 보이는 결정인데도 깊은 평안이 나를 감싼 경우도 있다. 그리스도의 평강이 나의 마음을 주장했기 때문이다. 사도 바울의 말을 들어 보라.

그리스도의 평강이 너희 마음을 주장하게 하라 너희는 평강을 위하여 한 몸으로 부르심을 받았나니(골 3:15).

나는 성령을 운동경기의 심판에 비유한 확장역 성경의 표현이 마음에 든다. 유능한 심판은 머뭇거리지 않고 판정을 내린다. 마찬가지로 성령은 당신의 머릿속에 일어나는 모든 의문과 결정과 관심사를 단호히 처리하신다. 당신이 그분께 결정권을 드리기만 하면 그분은 자신의 지혜를 나누어 주신다. 많은 경우 그분의 '판정'은 인간의 지각을 초월하는 평안으로 찾아온다. 그것이 성령의 증언이다. 성경은 이렇게 말한다.

그리하면 모든 지각에 뛰어난 하나님의 평강이 그리스도 예수 안에서 너희 마음과 생각을 지키시리라(빌 4:7).

우리는 그리스도 예수 안의 신분을 얻었다. 이 시대에 그토록 얻기 힘든 평안이 우리에게 주어졌다는 뜻이다. 예수님은 평강의 왕이므로 그분 안에 있는 사람들에게는 평안이 약속되었다. 우리가 무엇을 결정하든 그 과정에서 성령을 모시면 그분이 그리스도 예수의 평강을 통해 늘 증언해 주신다.

성령은 평안으로 그의 뜻을 나타내신다

그동안 나는 메신저 인터내셔널의 지도자로서 순전히 성령의 평안에만 의지하여 많은 결정을 내렸다. 당면한 목표가 불가능해 보일지라도 하나님의 평안 덕분에 메신저 인터내셔널의 잠재력을 나 자신의 머리로 제한하지 않을 수 있었다.

성령의 음성이 내게 분명히 들려온 적도 있다. 예컨대 이 책을 쓰려고 준비할 때만 해도 나는 사실 전혀 다른 주제로 쓸 작정이었다. 그런데 금식 기도 중에 성령께서 내게 그분이 얼마나 놀라우신 분인지에 대해 쓰도록 지시하셨다.

그러나 대부분 나의 결정을 인도하는 것은 분명한 지시가 아니라 하나님의 평안이다(평안은 늘 그분의 말씀과 일치한다). 때로 성령께서 내게 말씀해 주시기도 한다. 대개 하나님이 나를 전혀 새로운 방향으로 인도하실 때 그런 일이 일어난다. 예를 들어 보자.

메신저 인터내셔널의 주된 목표는 지역 교회를 세우는 것이다. 우리가 믿기로 지역 교회는 하나님의 가장 전략적인 방법이다. 교회는 잃어버린 영혼들을 찾아가고, 빈곤한 이들에게 희망과 양식을 주고, 모든 민족을 제자로 삼는다. 지금까지 북미주의 2만 여 개 교회가 우리 기관의 커리큘럼을 사용하고 있다. 수년간 우리는 주로 미국, 캐나다, 호주, 영국 등의 교회들을 돕는 데 주력했다.

그런데 2010년 3월 31일 내가 다니엘서를 읽고 있는데 하나님이 말씀하셨다. "지금까지 너는 영어권 세계의 지역 교회를 돕는 일에 충성했다. 이제 내가 너를 온 세상의 열방으로 보낸다." 입이 저절로 벌어지는 순간이었다. 그런 일이 어떻게 이루어질지 나는 전혀 알지 못했다. 그래서 우리 기관의 이사회를 소집했다. 나는 하나님이 마음에 주신 비전을 나누면서 이듬해인 2011년에 개발도상국 지도자들에게 25만 권의 책자를 나누어 주고 싶다고 말했다. 모두 충격에 빠졌다. 책자가 아니라 무엇이든 한 해에 그렇게 많은 물량을 나누어 준 적이 없었기 때문이다. 실무 총책임자(COO)와 기타 부서장들은 이 일로 내게 계속 질문을 던졌다. 결국 COO는 내게 하나님 앞에서 기도해 보겠느냐고 물었다.

나는 이미 하나님께로부터 우리 기관이 온 세상의 목사와 지도자들에게 다가가야 한다는 말씀을 분명히 들었다. 하지만 그 비전을 향한 첫걸음이 25만 권의 책자를 나누어 주는 일이라는 말씀은 아직 듣지 못했다. 그래서 나는 이 일을 그분께 가져가 기도했다. 역시 마음에 평안이 찾아왔다. 성령께서 굳이 내게 육성으로 말씀하실 필요가 없었다. 이 일이 그분이 말씀하신 전체 목표와 분명히 조화를 이루었기 때문이다. 나는 성령께서 그것을 증언하심을 느꼈다. 팀에게 그렇게 보고했더니 그들은 즉시 이 비전을 지지해 주었다. 역시 하나님은 기적적인 방법들로 역사하셨고, 그 해에 우리는 47개국의 목사들과 지도자들에게 27만여 권의 책자를 나누어 줄 수 있었다.

2011년에 나는 레바논의 베이루트에서 어느 이라크인 목사를 만났다(당시 나는 중동에서 2,500명의 목사와 지도자들에게 강연하고 있었다). 36세의 젊은 목사인 그는 자신의 도시에서 가장 큰 교회를 이끌고 있었다. 그가 나에게 이런 말을 했다. "비비어 목사님, 당신은 나에게 아버지와도 같습니다. 그동안 당신의 책을 최대한 많이 구해 읽었습니다. 신용카드까지 써 가며 당신의 웹사이트에서 자료를 다운로드했습니다."

그 말을 듣는 순간 나는 쥐구멍에라도 들어가고 싶은 심정이었다. 전쟁으로 파괴된 나라에서 재정도 쪼들리는 사람이 메신저 인터내셔널의 자료를 어렵게 구하고 있었던 것이다. 이를 계기로 나는 다시 한 번 하나님께 지혜를 달라고 부르짖었다. 지역 교회들을 돕기 위해 그런 지도자들을 잘 무장시키려면 지혜가 필요했다. 성령 안에서 기도하다가 나는 개발도상국의 목사들에게 책자만 아니라 전체 커리큘럼까지 줄 수 있는 아이디어를 얻었다. 이듬해에 우리는 개발도상국의 목사와 지도자들에게 130만 권의 자료를 나누어 줄 수 있었다. 그 숫자는 이후로 계속 늘어나고 있다.

성령 안에서 기도할 때 찾아온 결정적인 퍼즐 조각은 'CloudLibrary. org'라는 웹사이트였다. 이를 통해 목사들, 지도자들은 물론 교인들도 자국어로 된 자료를 무료로 다운로드할 수 있게 됐다. 2011년에 27만여 권의 책자를 나누어 주면서 시작된 일이 지금은 다달이 그 기록을 경신하고 있다! 성령이 증언하시는 평안을 따라가면 하나님이 우리 안에서, 우리를 통해 바로 그런 일을 하실 수 있다!

성령님은 평안으로 인도하신다

오직 성령의 열매는… 화평과… (갈 5:22).

평안이란 무엇인가? 때로 사전적 정의는 정작 실체를 아는 데 도움이 되지 않는다. 예수님이 성령을 통해 주시는 참된 평안이란 두둑한 은행 잔고, 완벽한 건강, 멋진 집과 많은 재산, 갈등 없는 관계 등에서 오는 게 아니다.

참된 평안 즉 하나님의 평안을 규정하는 것은 외적 환경이나 조건이 아니다. 참된 평안은 역경 속에서 누리는 안정이다. 문제의 한복판에서 정신적, 정서적, 신체적, 영적으로 평정을 유지할 수 있는 능력이다. 잠시 멈추어 자신에게 물어보라. "내가 생각하는 평안이란 무엇인가? 내 평안의 근거는 무엇인가? 내가 생각하는 평안은 성령의 참된 평안과 어떻게 다른가? 변화가 필요한 부분은 무엇인가?"

우리는 그리스도의 희생을 통해 하나님과 더불어 화평해졌고, 성령 충만을 통해 하나님의 평안을 얻었다. 예수님은 이렇게 말씀하셨다.

평안을 너희에게 끼치노니 곧 나의 평안을 너희에게 주노라 내가 너희에게 주는 것은 세상이 주는 것과 같지 아니하니라 너희는 마음에 근심하지도 말고 두려워하지도 말라(요 14:27).

평강의 왕께 받은 평안을 우리는 어떻게 누려야 하는가?

> 그리스도의 평강이 너희 마음을 주장하게 하라 너희는 평강을 위하여
> 한 몸으로 부르심을 받았나니(골 3:15).

- 확장역 성경은 이 구절에서 성령을 운동경기의 심판에 비유했다. 당신이 타석에 서 있는 타자라고 상상해 보라. 당신의 뒤에는 평강의 심판이 서 계신다. 투수가 공을 던질 때마다 당신은 결정을 내려야 한다. 이제 골로새서 3장 15절을 다시 주의 깊게 읽어 보라. 심판의 판정이 얼마나 중요한가? 당신은 성령을 평강의 심판으로 삼고 있는 가? 이에 대해 성령께서 당신에게 하시는 말씀은 무엇인가?

- 성령께서 우리를 하나님의 온전하신 뜻 가운데로 인도하시는 주된 방법은 내면의 평안을 통해서다. "성령이 친히 우리의 영과 더불어… 증언하시나니"(롬 8:16)라는 성경 말씀이 바로 그런 뜻이다. 지금 당신이 어렵게 해야 하는 결정, 하나님의 인도하심이 필요한 결정은 무엇인가? 잠시 멈추어 성령 안에서 기도한 뒤 주신 말씀을 기록하라.

성령님은
지혜와 힘을 주신다

가장 많은 신자들이 힘들어하는 부분이 있다면 아마 하나님의 인도하심을 분별하는 일일 것이다. 나는 사람들이 이렇게 말하는 것을 자주 듣는다. "하나님이 내 인생에 원하시는 것이 무엇인지 모르겠다!" 야고보는 인도하심이 필요할 때 어떻게 해야 하는지를 일러 주었다. "너희 중에 누구든지 지혜가 부족하거든… 하나님께 구하라"(약 1:5). 지혜는 헬라어로 소피아(sophia)인데 더 자세히 풀이하면 '이해하여 그 결과로 지혜롭게 행동할 수 있는 능력'이다.[5] 이렇게 생각해 보라. 하나님의 지혜를 통해 우리는 먼저 이해할 뿐 아니라 나아가 행동까지 할 수 있다.

누가 우리에게 하나님의 지혜를 이해하고 실천할 수 있는 능력을 주는가? 바로 성령이시다. 나는 성령의 인도하심이 절실히 필요한 상황에 놓인 적이 많았다. 그럴 때 방언으로 기도하면 하나님의 지혜와 인도하심이 내 영으로부터 일어나 내 생각 속으로 들어온다. 방언기도는 우리 삶을 향한 하나님의 인도하심을 밝혀 준다.

잠언 20장 5절을 다시 읽어 보자. "사람의 마음에 있는 모략은 깊은 물 같으니라 그럴지라도 명철한 사람은 그것을 길어 내느니라." 모략 대신 목적이라는 말로 옮긴 역본들도 있다. 그리스도 안에서 당신은 당신만의 사명 또는 목적을 받았다. 이 목적이 당신 삶의 방향을 결정짓는다. 그런데 이 목적은 당신의 마음 깊은 곳에 숨어 있다. 성령 안에서 기도하며 하나님의 지혜를 찾으면 그분이 당신의 목적을 알려 주신다. 하룻밤 사이에 되는 일이 아니므로 인내심이 필요하다. 당신이 시간을 내어 하나님의 말씀을 묵상하고 기도하면 그분이 당신의 목적을 알려 주신다. 나의 아들은 그것을 이렇게 표현하기를 좋아한다. "성경은 우리의 지도(地圖)이고 성령은 우리의 안내자이시다."

하나님의 인도하심은 삶의 모든 영역에서 누릴 수 있는 선물이다. 당신이 자녀와의 관계로 어려움을 겪고 있다면 한동안 뒤로 물러나 성령 안에서 기도하라. 어떻게 반응해야 하는지 그분이 보여 주실 것이다. 당신이 세일즈를 하는 사람인데 어찌해야 할지 모르겠다면 사무실 문을 닫고 성령께 통찰을 구하라. 모든 것을 아시는 그분이 이미 당신 안에 살고 계신다. 이제 당신은 아직 계시되지 않은 부분을 길어 올리기만 하면 된다. 성령은 당신을 인도해 주기 원하신다! 이사야 48장 17절에 보면 "나는 네게 유익하도록 가르치고 너를 마땅히 행할 길로 인도하는 네 하나님 여호와라"고 하셨다. 하나님은 당신이 그분 나라의 목적대로 살기를 원하시며, 걸음마다 그 길을 인도하기 원하신다.

간혹 내게 이렇게 말하는 사람들이 있다. "그건 그냥 '영적인' 말일 뿐이고 약간 이상하다. 정말 그런 요청을 하나님께 가져갈 수는 없다. 그분은 사역과 관계된 일만 돌보아 주신다." 첫째로, 하나님은 이상하신 분이 아니며 따라서 그분이 우리 삶의 모든 영역에 개입하심도 전혀 이상한 일이 아니다. 사람들은 이상할지 몰라도 하나님으로서는 결코 이상하지 않다. 또한 일부 사람들이 성령의 표현을 변질시키거나 오용했다고 해서 우리까지 하나님의 약속을 경시해서는 안 된다.

둘째로, 성경은 우리에게 "쉬지 말고 기도하라"(살전 5:17)고 가르친다. 이 말의 뜻을 알려면 문맥을 공부해야 하는데 그래 본 적이 없는 그리스도인들이 많다. 물론 바울의 말은 "한시도 쉬지 말고 온종일 입술을 움직여 기도하라"는 뜻이 아니다. 성경에는 복음을 전하고 서로 격려하라는 말씀도 있지 않은가? 그런데 매 순간 입술을 움직여 기도한다면 다른 일은 언제 하겠는가?

정작 바울이 이 구절에서 하는 말은 성령과 지속적인 교제를 하라는 뜻이다. 그것을 경험하려면 어떻게 해야 하는가? 바울의 이어지는 말에 답이 나온다. "성령을 소멸하지 말며"(19절). 쉬지 않고 기도한다는 것은 곧 성령의 임재를 소멸하지 않는 것이다. 성령의 임재를 의식하고 그분의 음성을 민감하게 듣는다는 뜻이다. 다시 말해서 당신의 삶에 개입하시는 그분을 막지 말라. 성령은 당신 삶의 모든 영역에 개입하기 원하신다. 당신을 인도하기 원하신다. 그분의 소원은 당신과 끊임없이 교제하는 것이다. 이렇게 쉬지 않고 교제하면 당신의 삶에 그분의 평안과 힘과 인도하심이 찾아온다.

나는 사업가로 부름을 받지 않았다. 하지만 만일 그 길로 부름 받았다면 많은 시간을 들여 사업에 대해 성령 안에서 기도할 것이다. 그런 다음 마음의 평안에 따라 모든 결정을 내릴 것이다. 당신도 창조주의 인도하심을 받을 수 있다. 당신이 '전임 사역자'가 아니라는 이유만으로 그 능력을 가볍게 여겨서는 안 된다. 그분은 나의 길을 인도하시듯이 당신의 길도 인도해 주신다.

경외하는 마음으로 다가가라

나는 기도 시간에 성경을 읽고 시작하면 훨씬 기도가 잘된다. 하나님의 말씀은 내 머리를 맑게 해준다. 또한 내 영으로부터 지성으로 연결되는 통로를 열어 주는 것 같다. 말씀을 읽고 나면 성령과 훨씬 소통이 잘된다. 성령의 명백한 임재가 나의 기도 시간을 풍요롭게 해준다.

내가 배운 것이 또 있다. 나의 삶 속에 임재하시는 하나님을 의지적으로 높일 때 그분은 속히 자신을 계시해 주신다. 내가 그분의 위대하심과 선하심을 묵상하기 시작하면 갑자기 성령께서 자신을 계시하신다. 그 이유가 무엇인가? 시편 기자가 답해 준다. "하나님은… 둘러 있는 모든 자 위에 더욱 두려워할(경외할) 이시니이다"(시 89:7). 하나님의 임재를 경험하고 싶다면 경외하는 마음으로 그분께 다가가야 한다. 하나님의 임재를 소멸하는 가장 빠른 길은 성령을 당연시함으로써 하나님을 욕되게 하는 것이다.

예수님은 (우리를 포함하여) 제자들에게 기도의 본을 보여 주실 때 이런 말로 시작하셨다. "하늘에 계신 우리 아버지여 이름이 거룩히 여김을 받으시오며"(마 6:9). 다시 말해서 아버지께 나아갈 때는 먼저 거룩한 경외를 품고 그분의 임재 안에 들어가야 한다. 그러면 성령께서 자신의 임재를 나타내신다. 자신이 경외 받고 있음을 아시기 때문이다. 성령의 임재는 우리에게 바른 관점과 지혜와 지식과 능력을 가져다준다. 참으로 그분은 우리 생명의 근원이시다! 그러니 그분과 단절될 까닭이 무엇인가?

성령 안에서 하는 중보기도

이전에 나는 목사인 한 친구와 함께 정기적으로 기도한 적이 있다. 우리는 기도 시간에 방언으로 중보기도를 자주 했다. 한번은 우리가 중동의 어느 지역을 향해 말하며 지시하고 있는 게 느껴졌다. 이튿날 알고 보니 터키에 대지진이 있었다. 친구와 나는 그 나라를 위해 중보하고 있었던 것이다. 우리는 성령을 통해 그들과 연결되어 있었다. 동일한 성령이 우리 모두 안에 사시기 때문이다. 하나님이 우리를 통해 터키 사람들을 위한 자신의 뜻을 말씀하고 계셨다.

이런 영적 중보기도는 이 땅에 하나님 나라를 진척시키는 데 굉장히 중요하다. 원수는 우리가 멀리 있는 형제자매들을 향해 하나님의 뜻을 선포할 수 있다는 점을 싫어한다. 사탄의 목표는 교회를 갈라 놓고 분열시키는 것이다. 사탄은 어떻게든 우리의 중보기도를 우리 머리로 알고 있는 내용으로 제한시키려 한다.

혹시 아직 모를 수도 있지만 당신은 전 세계의 다른 신자들과 아주 밀접하게 연결되어 있다. 다른 나라의 신자들과 직접 접촉이 없을지라도 당신은 그들을 위해 얼마든지 정확하게 기도할 수 있다.

케냐에 갔을 때 나는 마사이 부족의 한 신사를 만난 적이 있다. 나중에 그가 미국을 방문하여 펜실베이니아 주에 사는 내 친구 부부 집에 묵게 되었다. 한 달 넘게 체류하는 동안 그는 주인 부부에게 아프리카에 있는 자기 가족들의 근황을 여러 번 전했다. 안주인이 물었다. "가족들이 어떻게 지내는지 어떻게 아십니까? 집에 전화도 없다고 하셨잖아요." 그는 이렇게 대답했다. "바울은 멀리 떨어져 있을 때도 골로새 교회와 고린도 교회가 어떻게 지내는지 알았습니다. 제가 성령 안에서 기도하면 주께서 가족들의 상황을 저에게 알려 주십니다." 그가 근거로 말한 성경 말씀은 골로새서 2장 5절의 "이는 내가 육신으로는 떠나 있으나 심령으로는 너희와 함께 있어 너희가 질서 있게 행함(을)… 기쁘게 봄이라"와 고린도전서 5장 3절의 "내가 실로 몸으로는 떠나 있으나 영으로는 함께 있어서"이다. 바울은 두 교회의 교인들과 성령 안에서 연결되어 있었다. 그래서 비록 몸으로 함께 있지 않아도 그들의 형편과 행위를 알았다.

나도 팀원이나 동역자가 나를 위해 기도하고 있음을 느낄 때가 많다. 내가 위기 상황에 놓였을 때 하나님이 갑자기 기적처럼 개입하시곤 한다. 그럴 때면 나는 누군가가 나를 보호해 달라고 성령 안에서 중보기도를 하고 있음을 안다.

성령 안에서 안식하라

> 형제들아 지혜에는 아이가 되지 말고… 율법에 기록된 바 주께서 이르시되 "내가 다른 방언을 말하는 자와 다른 입술로 이 백성에게 말할지라도…"(고전 14:20-21).

지금쯤이면 당신도 알았겠지만 바울은 고린도전서 14장에서 방언에 대해 많이 기록했다. 위의 구절은 사실 그가 이사야의 말을 풀어 쓴 것이다. 이사야 28장 11-12절에 이런 말씀이 나온다.

> 그러므로 더듬는 입술과 다른 방언으로 그가 이 백성에게 말씀하시리라 전에 그들에게 이르시기를 "이것이 너희 안식이요 이것이 너희 상쾌함이니 너희는 곤비한 자에게 안식을 주라" 하셨으나.

하나님은 방언이 안식과 상쾌함을 가져다준다고 이사야를 통해 예언하셨다. 한번은 어느 대형 교회에서 목회하는 내 친구가 다른 대형 교회의 목사와 대화를 나누었다. 다른 목사가 내 친구에게 말했다. "나는 당장 사역을 그만두고 싶습니다. 피곤하고 지쳤습니다. 탈진했습니다."

내 친구가 물었다. "성령 안에서 기도하기를 멈추셨습니까?"

그 목사는 "글쎄요…"라며 얼버무렸다.

내 친구는 내처 물었다. "성령 안에서 얼마나 기도하십니까?"

그 목사는 계속 머뭇거리다가 결국 이렇게 말했다. "글쎄요, 설교 준비는 해도 해도 끝이 없고, 교인이 1만 5,000명이 되다 보니 할 일이 너무 많습니다. 게다가…."

내 친구가 다시 물었다. "성령 안에서 기도하고 계십니까?"

마침내 그 목사는 대답했다. "아니오. 솔직히 그렇지 못합니다."

내 친구가 말했다. "지금부터 성령 안에서 기도하십시오."

머지않아 사역에 지쳐 있던 그 목사는 사역을 그만둘 생각을 철회했다. 물론 그는 지금 성령과의 교제도 잘하고 있으며 그의 교회도 잘하고 있다!

이 목사에게 방언기도가 왜 그렇게 중요했을까? 성령 안에서 기도할 때 우리는 초자연적 안식과 새 힘을 얻는다.

조용기 목사는 어떻게 교인 80만 명이 넘는 교회를 이끌면서도 탈진하지 않을 수 있을까? 그는 성령 안에서 기도한다. 조 목사보다 더 압박감과 책임감이 무거운 목사는 없을 것이다. 그의 교회는 한국을 완전히 변화시켰고, 그는 세상에서 가장 존경받는 목사 중 하나다. 그런 중압감을 자신의 능력으로 감당하는 건 어떤 누구도 불가능한 일이다. 하지만 나는 조 목사가 자신의 지혜에 의지하지 않음을 안다. 그는 기도 시간을 우선순위에 두고 하루에 몇 시간씩 성령 안에서 기도한다. 이런 기도 시간이 그에게 큰 힘과 안식을 가져다준다.

레스터 섬롤(Lester Sumrall)은 훌륭한 하나님의 사람이다. 나는 여러 번 그와 함께 시간을 보내는 특권을 누렸다. 섬롤 박사는 하루에 네 시간만 자면서 동시에 네 권의 책을 쓰곤 했다! 그는 자신의 부교역자들(나이가 그의 절반밖에 되지 않았다)과 많은 젊은 설교자들보다 훨씬 더 기력이 왕성했다. 그런 힘을 어디서 얻는 걸까? 그는 많은 시간을 성령 안에서 기도하며 보냈다.

그렇다고 오해하지는 말라. 우리는 몸을 혹사시켜서는 안 된다. 하나님은 우리에게 안식일을 삼가 지키라고 분명히 명하신다. 우리는 누구나 몸의 안식을 누려야 한다. 내가 골프를 치는 이유는 잠시 일손을 놓고 심신을 새롭게 할 수 있기 때문이다. 나에게 골프는 안식할 수 있는 좋은 휴식처다. 하지만 안식하는 것이 우리 삶에 새로운 활력을 불어넣는 것처럼 성령 안에서 기도하는 것도 우리의 몸과 영혼을 새롭게 해준다. 그런데 안타깝게도 성령 안에서 안식을 얻지 못해 쉽게 탈진하는 사람들이 너무 많다.

성령님은 지혜와 힘을 주신다

너희 중에 누구든지 지혜가 부족하거든 모든 사람에게 후히 주시고 꾸짖지 아니하시는 하나님께 구하라 그리하면 주시리라(약 1:5).

지혜와 인도하심을 주시는 분은 누구인가? 바로 성령이시다. 이사야는 그분을 지혜와 총명의 영, 지식과 모략의 영이라 불렀다. 예수님은 성령이 우리의 교사로서 우리를 모든 진리 가운데로 인도하신다고 말씀하셨다. 우리의 교사는 어디에 사시는가? 우리 안에 사신다. 거기가 그분의 성전이다. 지혜가 부족하여 어찌해야 할지 막막할 때면 평소의 언어로는 물론이고 성령 안에서 기도하라. 그러면 그분이 인도해 주신다!

잠시 시간을 내어 아래의 확실한 약속들을 묵상해 보라. 하나님과 성령이 동일하신 분임을 기억하라.

여호와께서 이르시되 "나는 네게 유익하도록 가르치고 너를 마땅히 행할 길로 인도하는 네 하나님 여호와라"(사 48:17).

너희가 오른쪽으로 치우치든지 왼쪽으로 치우치든지 네 뒤에서 말소리가 네 귀에 들려 이르기를 "이것이 바른 길이니 너희는 이리로 가라" 할 것이며(사 30:21).

아버지께서 나의 요청으로 보내실 친구이신 성령께서, 모든 것을 너희에게 분명히 알려 주실 것이다(요 14:26, 메시지).

진리의 성령이 오시면 그가 너희를 모든 진리 가운데로 인도하시리니(요 16:13).

지금 당신에게 지혜와 인도하심이 필요한 부분은 무엇인가? 직장인가? 건강인가? 결혼생활인가? 자녀인가? 재정인가? 친구 관계인가? 어떤 상황에 있든 다음 단계를 따라 해 보라.

1. 지혜가 필요한 부분을 구체적으로 하나님께 아뢰라. 과거에 인도해주신 그분께 감사하라(빌 4:6-7).
2. 성령 안에서 기도하라. 성령께서 당신을 통해 기도하기 원하시는 대로, 충분히 오랫동안 간절하게 방언으로 기도하라(엡 6:18; 롬 8:26-27).
3. 성령께 해석을 구하라. 당신이 방금 기도한 비밀을 그분이 알려 주실 것이다(고전 14:13).
4. 성령께서 계시해 주시는 내용을 기록하라. 계시가 당장 오지 않을 수도 있지만 결국은 온다는 것을 잊지 말라.
5. 인도하심을 받은 대로 행할 수 있도록 성령께 은혜를 구하라.

성령님은
강건하게 하신다

방언을 말하는 자는 자기의 덕을 세우고(고전 14:4).

덕을 세운다고 번역된 단어는 헬라어로 오이코도메오(oikodomeo)다. 이 단어는 문자적으로 '건축한다, 짓는다'는 뜻이다.[6] 성령 안에서 기도할 때 우리는 하나님의 임재와 능력을 수용할 수 있는 역량을 쌓아 올린다. 예수님도 동일한 헬라어 단어를 써서 이렇게 말씀하셨다. "그러므로 누구든지 나의 이 말을 듣고 행하는 자는 그 집을 반석 위에 지은(오이코도메오) 지혜로운 사람 같으리니"(마 7:24).

비슷하게 하나님은 유다를 통해 우리에게 이렇게 말씀하신다.

사랑하는 자들아 너희는 너희의 지극히 거룩한 믿음 위에 자신을 세우며 성령으로 기도하며(유 1:20).

언젠가 내 친구의 아들이 중병을 앓은 적이 있다. 의사들도 원인을 밝혀낼 수 없었으므로 친구는 어찌할 바를 몰랐다. 결국 그는 사무실에 들어가 다섯 시간 동안 성령 안에서 기도했다. 그리고 사무실에서 나와 집으로 차를 몰고 가서는 곧장 아들의 방으로 들어갔다. 그는 아들에게 침대에서 나오라고 아주 권위 있게 말했다. 그 순간 아들은 완치되었다. 어떻게 된 일일까? 성령 안에서 기도하는 동안 친구는 아들을 위한 중보와 사역의 역량이 커졌던 것이다. 하나님에게서 받는 모든 것을 우리는 믿음으로 받는다. 다른 길은 결코 없다. 성령과 함께 시간을 보내면 하나님의 약속과 명백한 임재를 받는 능력이 실제로 커진다. 그 시간이 우리 속사람의 덕을 세우기 때문이다.

천상의 언어로 기도하면 하나님을 더 깊은 차원에서 예배하고 찬양하는 능력이 생긴다. 바울은 이렇게 말했다.

> 그렇지 아니하면 네가 영으로 축복할 때에 알지 못하는 처지에 있는 자가 네가 무슨 말을 하는지 알지 못하고 네 감사에 어찌 아멘 하리요 너는 감사를 잘하였으나(고전 14:16-17).

바울은 지금 단체로 드리는 찬송에 대해 말하고 있다. 그는 우리가 "영으로 축복할"(즉 방언으로 하나님을 찬송할) 때에 동료인 인간에게는 유익을 주지 못한다고 지적한다. 방언 찬송은 사적인 표현이므로 자신에게는 덕이 되지만 단체에는 덕이 되지 못한다는 것이다. 그렇다고 바울이 방언으로 하나님을 찬송하는 행위를 평가절하하는 것은 아니다. 때와 장소를 가려야 한다는 얘기일 뿐이다.

바울이 자신의 요지를 어떻게 마무리하는지 잘 보라. "너는 감사를 잘

하였으나!" 우리가 방언으로 하나님을 찬송하면 성령께서 우리를 통해 하나님의 큰일과 비밀을 아름답게 찬미하신다. 천상의 언어로 하나님을 찬송하면 더 깊은 차원의 예배가 이루어진다. 그래서 바울은 영으로도 찬송하고 마음으로도 찬송했다(고전 14:15 참조).

누구나 성령의 충만함을 받을 수 있다

방언으로 말하거나 기도하지 못하는 다른 신자들을 낮추보는 그리스도인들이 있다. 그럴 때면 내 마음이 아프다. 그 신자들도 그리스도 안의 형제자매들이며 다만 아직 성령의 이 놀라운 은사를 경험하지 못했을 뿐이다. 그들을 비하하거나 망신을 주어서는 안 된다. 우리는 모두 그리스도 안에서 하나이기 때문이다.

이미 말했듯이 신자라면 누구나 방언의 은사를 받을 수 있다. 아직 방언을 하지 못하는 사람들도 이 약속에서 예외가 아니다. 예수님은 "믿는 자들에게는 이런 표적이 따르리니 곧 그들이… 새 방언을 말하며"(막 16:17)라고 말씀하셨다. 바울도 "나는 너희가 다 방언 말하기를 원하나"(고전 14:5)라고 했다. 하나님은 자신의 모든 자녀가 천상의 언어의 놀라운 유익을 누리기를 바라신다.

어떻게 성령을 받는가? 우선 말해 둘 것이 있다. 내 친구들 중 다수는 자동차 안에서, 집에서, 심지어 사무실에서 성령 충만을 받았다. 우리는 구하기만 하면 된다. 그러면 하늘 아버지께서 우리에게 자신의 영을 주신다. 이 은사를 이미 구했다면 이제 당신은 그냥 복종하는 법을 배우면 된다.

성령 충만을 받을 수 있으려면 무엇보다 먼저 예수 그리스도를 당신의 구주와 주님으로 영접해야 한다. 예수님이 말씀하셨듯이 세상(아직 구원받지 못한 사람들)은 성령을 받을 수 없다(요 14:17 참조). 아직 예수님을 당신 삶의 주인으로 모시지 않았다면 지금이라도 그분의 주 되심에 복종하기로 결단하기 바란다. (구원받는 법에 대한 내용은 부록을 참조하라.)

이미 하나님의 자녀라 해도 당신 삶 속에 고의적인 불순종의 습성이 남아 있다면 아직 성령 충만을 누릴 수 없다. 하나님은 "자기에게 순종하는 사람들에게"(행 5:32) 성령을 주신다. 그렇다고 당신이 완벽해져야 한다는 뜻은 아니다. 다만 그분 앞에 자신을 낮추어야 한다는 뜻이다. 이것은 그분의 뜻에 복종한다는 표시다. 당신이 자신을 낮추면 하나님이 죄의 올무를 이겨 낼 은혜를 주신다. 그리하여 당신의 마음이 다시 열려 성령 충만을 받게 된다.

많은 신자들에게 가장 큰 불순종의 올무 중 하나는 남들에게 받은 상처다. 당신에게 잘못한 사람들을 의지적으로 용서해야 한다. 내가 지금까지 목격한 바 예외 없는 한 가지 사실이 있다. 성령 충만을 받으려는 신자가 가해자에게 용서를 베풀면 그 즉시 성령께서 나타나신다는 사실이다. 지금 잠시 시간을 내어 당신에게 잘못한 사람들을 놓아 보내 주라. 그들을 향한 하나님의 마음을 당신에게도 달라고 기도하라. (상처에 대한 것은 내 책《관계》[The Bait of Satan, 터치북스]에서 자세히 다루었다.)

너희 중에 아버지 된 자로서 누가 아들이 생선을 달라 하는데 생선 대신에 뱀을 주며 알을 달라 하는데 전갈을 주겠느냐 너희가 악할지라도 좋은 것을 자식에게 줄 줄 알거든 하물며 너희 하늘 아버지께서 구하는 자에게 성령을 주시지 않겠느냐(눅 11:11-13).

성령을 구하다가 대신에 악령을 받을 수도 있다고 가르치는 사람들이 있다. 예수님의 이 말씀은 그런 두려움을 깨끗이 날려 버린다. 하나님은 온갖 좋은 은사와 온전한 선물을 주시는 분이다(약 1:17 참조). 아버지이신 그분은 성령을 구하는 당신에게 귀신을 주실 분이 아니다. 그분은 당신에게 자신의 영을 주신다. 그러므로 두려워하지 말고 성령 충만에 마음을 열라.

성령께 마음을 열었다고 해서 성령께서 당신의 혀를 붙잡고 억지로 방언을 시키실 줄로 생각해서는 안 된다. 그분은 당신에게 자유 의지를 주셨다. 성령은 결코 당신을 몰아붙이지 않는 신사이시다. 사탄은 당신을 몰아붙이지만 성령은 당신을 이끄시거나 인도하실 뿐이다. 성령께서 말을 주시지만(처음에는 음절이나 소리나 더듬거리는 단어의 파편일 수 있다) 당신이 세 가지 부분에서 그분께 복종해야 한다.

바로 당신의 입술과 혀와 성대다. 그러면 끓는 물처럼 당신의 영에서 천상의 언어가 퐁퐁 솟아오르기 시작한다. 처음에는 한 음절밖에 없을 수도 있다. 하지만 믿음으로 복종하여 그 음절을 말하면 그 이상이 계속 따라 나올 것이다. 다시 말하지만 우리는 모든 것을 하나님에게서 믿음으로 받는다. 방언의 은사도 다를 바 없다. 그분이 주시는 것을 그냥 믿음으로 말하라. 처음에는 더듬거릴지라도 결국은 당신의 입에서 나오는 말이 온전한 언어가 될 것이다.

모든 영역에서 성령님을 모시라

내가 마지막 두 장을 대폭 할애하여 방언의 은사를 다룬 데는 이유가 있다. 내가 확신하건대 하나님은 우리가 천상의 언어를 누리기 원하신다. 방언은 우리를 하나님과 더 깊이 연결시켜 주고, 하나님 나라의 목적을 위해 그분의 백성을 연합시켜 준다. 성령의 열망과 소원은 모든 남녀가 예수님을 아는 것이다. 우리가 성령과의 친밀함과 동역에서 자라 가면 그분이 세상을 새롭게 보여 주시며 우리의 눈을 들게 하신다. 우리는 그리스도를 절실히 필요로 하는 세상을 보게 된다. 그뿐 아니라 그리스도를 알리기 위해 어떻게 내 몫을 다할 수 있는지도 성령으로 보고 알게 된다.

성령에 대한 이 책이 당신에게 즐거웠기를 바란다. 여기서 배운 모든 내용은 성령의 무한하고 영원하며 비할 데 없는 경이의 작은 맛보기에 지나지 않는다. 그분은 날마다 당신을 더 높은 차원들로 데려가기 원하신다. 가끔씩 이 책을 다시 읽기 바란다. 그러면 성령께서 당신의 마음을 깨워 그분을 더 깊고 새롭게 알게 하실 것이다.

성령은 당신에게 예수님을 계시하기를 기뻐하신다. 성령의 임재를 존중하라. '영적인' 부분뿐 아니라 당신 삶의 모든 영역에 그분을 모시라. 그분은 결코 당신을 버리거나 떠나지 않겠다고 약속하셨다. 이 놀라운 약속을 매일 매 순간 누리라. 하나님의 말씀을 읽고 그분의 임재 안에서 시간을 보내면 성령을 점점 더 친밀하게 알게 된다. 이 여정에는 끝이 없다. 그분이 당신에게 간절히 알려 주시려는 것이 언제나 더 있다. 이미 들었거나 보았거나 알고 있는 것에 안주하지 말라. 당신의 제한된 사고를 벗어나라. 당신 삶의 통치권을 그리스도의 영께 넘겨 드리면 된다. 그러면 전에 없이 당신의 삶 속에 하나님의 영광과 위엄이 나타날 것이다.

성령님은 강건하게 하신다

> 방언을 말하는 자는 자기의 덕을 세우고(고전 14:4)

원수가 당신이 방언기도 하지 못하도록 그토록 치열하게 싸우며 방해하는 이유는 무엇인가? 고린도전서 14장 4절에 그 이유가 나온다. 사탄은 당신이 강건해지기를 원하지 않는다. 당신의 영이 강건해질수록 그것은 그리스도를 위한 강건함이며 사탄의 나라에 더 큰 위협이 된다.

발전기가 자동차의 전지를 재충전해 주듯이 성령 안에서 기도하면 당신의 영이 재충전된다. 방언기도는 두려움과 우울과 부정적 사고를 몰아내며, 말로 표현할 수 없는 방식들로 당신을 세워 준다. 방언으로 기도하면 하나님의 임재와 능력을 수용할 수 있는 당신의 역량이 커진다.

• 당신은 성령 안에서 꾸준히 기도하는가, 아니면 거의 기도하지 않는가? 꾸준히 기도한다면 얼마나 자주, 얼마나 오랫동안 하는가? 거의 기도하지 않는다면 그 이유가 무엇인가?

- 방언기도에 시간을 투자할 때 당신의 내면에 어떤 일이 벌어지는가? 지금까지 그 결과로 당신이 목격한 성령의 다른 열매와 나타나심은 무엇인가? 그런 것들이 당신에게 어떻게 기도의 의욕을 불러일으키는가?

당신은 진이 빠지는 스트레스 상황에서 어떻게 반응하는가? 그럴 때 성령 안에서 기도해 본 적이 있는가? 잠시 멈추어 이렇게 기도하라. "성령님, 저의 자연적이고 부정적인 반응을 초자연적이고 긍정적인 반응인 방언기도로 바꾸어 주소서. 전에 없이 성령께서 제 안에 충만하소서!"

성령께서 당신에게 취하라고 하시는 행동은 무엇인가? 이를 통해 그분이 당신의 일상생활에서 더 큰 비중을 차지하실 수 있다. 그동안 원수는 방언기도를 막으려고 분명히 당신의 머릿속에 어떤 생각을 집어넣고 당신의 육신에 어떤 느낌을 자극했을 것이다. 이것은 사탄이 대부분의 신자들에게 하는 일이다.

원수에게 속아 방언기도를 하지 말아야겠다고 생각해서는 안 된다. 사탄이 주는 생각과 감정을 떨쳐 내라. 날마다 입을 열어 "가장 거룩한 이 믿음 안에… 자신을 세우"고 "성령 안에서 기도"하라(유 1:20, 메시지).

1. 방언(성령의 언어)으로 기도하면 굉장히 유익하다. 잠시 시간을 내서 유익을 생각나는 대로 최대한 많이 말해 보라. 그중 당신의 현재 삶에서 당신에게 가장 귀한 것은 무엇인가? 불편하지 않다면 그 이유를 나누어 보라.

2. 하나님이 우리에게 방언의 은사를 주신 이유 중 하나는 원수가 상황을 모르게 하시기 위해서다. 하나님은 전지하시지만 사탄은 그렇지 않다. 사탄은 성령의 언어의 거룩한 주파수를 모른다. 당신이 방언으로 기도하거나 중보하여 자신이나 다른 사람의 삶을 향한 마귀의 계획을 무산시켰던 구체적인 사례가 있으면 나누어 보라.

리더 지침 누가복음 10:19, 에베소서 6:10-18, 고린도후서 10:3-5, 마태복음 11:12, 요한계시록 12:11 등의 말씀을 참조하라.

> 모든 기도와 간구를 하되 항상 성령 안에서 기도하고 이를 위하여 깨어 구하기를 항상 힘쓰며 여러 성도를 위하여 구하라(엡 6:18).

3. 닥친 상황에서 지혜가 필요할 때 방언기도는 하나님의 인도하심을 받는 중요한 열쇠다. 잠언 20:5, 고린도전서 14:13, 요한복음 7:38-39을 주의 깊게 읽으라. 우리 마음속에 숨겨져 있는 하나님의 모략을 방언기도가 어떻게 길어 내는지 설명해 보라.

4. 성령과의 교제 안에 거하면 숨겨져 있던 '비밀들'이 게시될 수 있다. 이런 비밀에는 당신이 어느 교회에 다녀야 하고, 누구와 결혼해야 하고, 어느 직장에

들어가야 하고, 어떤 집을 사야 하고, 다른 사람들을 위해 어떻게 기도하고, 어떻게 더 좋은 배우자나 부모가 되고, 직장에서 어려움을 어떻게 처리하는 가 등도 포함된다. 성령 안에서 기도하여 당신의 이런 상황에 답이 열린 경우를 괜찮다면 그룹에서 나누어 보라.

5. 고린도전서 14:15에 보듯이 성령 안에서 하는 기도와 평소의 언어로 하는 기도는 둘 다 귀하다. 평소의 언어로 하는 기도의 유익은 무엇인가? 방언기 도를 하면 그밖의 기도가 어떻게 더 정확해지는가?

6. 데살로니가전서 5:17에서 "쉬지 말고 기도하라"고 했다. 이 말씀은 하루 24 시간 동안 기도만 하라는 뜻인가, 아니면 다른 뜻이 있는가? 데살로니가전 서 5: 16-19을 읽고 하나님이 우리에게 하시려는 말씀이 무엇인지 토의해 보라.

7. 성령 충만한 일부 신자들은 아직 이 놀라운 은사를 받지 않은 사람들을 낮추 보며 2등급 그리스도인으로 대할 때가 있다. 당신도 그런 취급을 받은 적이 있는가? 만일 있다면 그것이 하나님과의 관계나 다른 신자들과의 관계에 어 떤 영향을 미쳤는가? 당신 쪽에서 알게 모르게 다른 사람을 그렇게 대한 적 이 있는가? 성령 충만에 대한 우리의 태도는 어떠해야 하는가?

다음은 존과 리자 비비어가 성령에 대해 문답한 내용이다.

리자 당신이 말했듯이 어떤 교회들은 분위기를 만들어 내는 데 너무 치중하느라 성령의 임재를 무시한다. 그래서 다시 성령의 임재를 청하는 법을 알고 싶어하는 교회들이 많다. 그렇지만 그들은 불필요하게 또는 '이상하게' 긴 예배로 다시 돌아갈 마음은 없어 보인다. 어떻게 해야 하는가?

존 단순히 구하면 된다. 앞에도 말했듯이 성령은 신사이시다. 그분은 모든 시작을 우리에게 맡기신다. 다른 교회들에서 말씀을 전하다가 사람들이 구원받으러 앞으로 나오면 나는 이렇게 기도할 때가 많다. "성령님, 이들을 만져 주소서." 그러면 불과 몇 분 만에 그분의 임재가 나타나면서 사람들이 사방에서 울기 시작한다. 나는 그 모습이 늘 좋다. 성경에 하늘의 은사를 맛본다는 표현이 있기 때문이다(히 6:1-6 참조). 하늘의 은사 즉 성령의 명백한 임재를 맛본 사람들은 신앙적으로 타락할 소지가 훨씬 적다. 언젠가 어느 큰 교회에서 말씀을 전한 적이 있다. 그 교회는 옛날의 카리스마적인 예배 형태를 지양하고 새로운 방식으로 전환한 교회였다. 그런데 집회 중에 성령께서 자신의 임재를 나타내셨다. 사람들이 사방에서 울고 있었고 하나님의 임재가 손에 만져질 듯했다. 그때 주께서 내게 "이제 사람들에게 말하여 하나님께 감사와 찬양을 드리게 하라"고 말씀하셨다. 나는 그렇게 하고 곧 예배를 마쳤다. 나중에 그 교회의 목사가 말했다. "정말 놀랐습니다! 나는 이런 생각을 하고 있었거든요. '지금부터 한 시간은 더 계속되겠구나. 옛날처럼 이상한 일이 벌어지겠구나.' 하나님이 당신을 인도하신 방식이 참 좋습니다. 하나님이 하실 바를 다 하셨다고 당신이 말했을 때, 나도 정말로 그렇게 느껴졌습니다. 그분이 자신의 목적을 다 이루셨다고 말입니다. 바로 그때 당신이 예배를 마치자고 했습니다." 나는 성령의 명백한 임재가 단 2분만 나타나도 사람들에게 아주 깊은 영향을 미치는 것을 보았다. 때로 목사들은 너무 많은 내용을 다루기에 바빠서 미처 성령께 흠뻑 빠지지 못한다.

리자 성령의 '충만함'이 무슨 뜻인지는 당신이 이미 자세히 설명했다. 하지만 성령께서 우리를 막으실 때는 어떤가? 그것은 어떻게 나타나는가?

존 골로새서에 "그리스도의 평강이 너희 마음을 주장하게 하라"(골 3:15 참조)는 말씀이 있다. 또 로마서 8장에는 "무릇 하나님의 영으로 인도함을 받는 사람은 곧 하나님의 아들이라"(14절)고 했다. 여기서 '아들'이라는 단어는 아들과 딸을 다 지칭하는데, 헬라어(huios)로는 '장성한 아들'이라는 뜻이다.[1] 그리스도인이라 해서 누구나 다 성령의 인도함을 받는 것은 아니다. 자신의 감정, 지식, 상황이나 환경의 인도함을 받는 사람들도 많다. 하나님은 장성한 아들딸이 성령의 인도함을 받는다고 말씀하신다. 성령은 어떻게 우리를 인도하시는가? 그분은 우리의 영 안에서 증언하신다(롬 8:16). 예를 들어 내가 어느 특정한 도시에 말씀을 전하러 가고 싶다고 하자. 그런데 내 영에 왠지 불편하고 꺼림칙한 느낌이 든다. 거의 반감에 가까울 정도다.

리자 정말 그런 적이 있는가? 당신이 가지 말았어야 할 곳에 간 적이 있는가? 그 열매는 무엇이었는가?

존 "다시는 그러지 않겠다"는 고백이 열매였다. 정말 대실패였다. 마음에 그런 제지가 있을 때는 행동을 멈추어야 함을 배웠다. 집회에 가기로 이미 확답까지 했는데 나중에 주께서 원하시지 않는다는 느낌이 든 적도 있다. 이미 약속한 상태라서 그때는 이렇게 기도했다. "하나님, 하나님의 말씀에 보니 한 번 마음에 서원한 것은 해로울지라도 변하지 말라고 하셨습니다. 이번 집회에는 가야 합니다. 저를 보호해 주셔야 합니다." 그분은 그 일로 나를 꾸짖지 않으셨다. 집회가 썩 좋지는 않았지만 그분의 보호를 느낄 수 있었다. 그러나 처음부터 "하지 말라. 그곳에 가지 말라"는 제지를 분별하면 더 좋다. 정말 놀랍다. 당신도 분별할 수 있다. 이것은 아주 보편적인 일이다. 하나님과 동행하는 기간이 길어질수록 거기에 더 민감해진다.

리자 당신은 조용기 목사에 대해 말했다. 그는 놀라운 일들을 이루었고 늘 성령 안에서 기도하여 충만한 상태를 유지한다. 나도 그에 대해 많은 사람들이 알지 못하는 한 가지 비결을 알고 있다. 조 목사는 성령과 함께 하는 시간을 지키기 위해 많은 일을 거절한다. 성령께서도 불가능한 일을 우리 삶 속에서 행하시기 위해 일부 가능한 일들을 우리에게 거절하실 것이다.

존 사도행전 2장에서 사람들이 성령의 충만함을 받았다. 그런데 4장 8절에 가면 베드로가 "성령이 충만하여" 관리들에게 말했고 4장 31절에서는 신자들도 "성령이 충만하여"졌다. 성령 충만은 일회적 사건이 아니다. 하나님은 "술 취하지 말고 늘 성령으로 충만함을 받으라"(엡 5:18, 확장역 참조)고 말씀하신다. 우리에게 새는 곳이 있어서가 아니다. 다만 우리는 늘 성령으로 흠뻑 적셔지고 싶다. 부부간에도 서로 사랑에 흠뻑 적셔져 있을 때도 있지만 서로 멀어져 다시 적셔져야 할 때가 있다.

리자 의지적인 자세가 필요한가?

존 의지적이어야 한다. 늘 충만한 상태를 유지하라. 성령 충만은 지속적인 일이다. 성령 충만하면 그것이 시와 찬송과 신령한 노래로 나타나게 되어 있다(엡 5:18-20 참조). 나도 이번 주에 노래가 훨씬 많아졌다.

리자 텔레비전을 꺼야 하는가?

존 그렇다. 텔레비전을 꺼야 한다. 우리를 고갈시키는 일이라면 무엇이든 제한해야 한다.

리자 은사는 신자라면 누구나 받고 행할 수 있는 것인가, 아니면 사역자들만의 것인가?

존 내가 믿기로 모든 신자는 성령의 은사 중 어떤 것이든 행할 능력이 있다. 누구에게 큰 기적이 필요할 때, 기적을 행하는 은사가 어느 신자에게나 임할 수 있다. 또한 하나님은 특정한 사람들의 삶에 특정한 은사를 주실 때도 있다. 그러면 그들이 어디를 가든 그 은사가 나타난다. 내가 아는 한 사람은 심장병을 고치는 치유의 은사가 있다. 심장에 문제가 있는 사람들이 전국 각지에서 그의 집회에 와서 고침을 받는다. 이 사람은 치유의 은사를 통해 자신이 부름 받은 사역을 이루고 있다. 또 하나 생각나는 친구가 있다. 그의 아들은 욕조에 빠진 채 감전사했다. 이미 죽은 지 45분이 지났다. 내 친구는 이렇게 말했다. "존, 내가 30분 동안 기도했는데 아무 일도 없었네. 구급대원들은 질색을 했지. 그때 뭔가가 내 정수리를 탁 치면서 다른 누군가가 나를 통해서 보는 것 같았네. 그래서 내가 아들에게 그랬지. '너는 죽지 않고 살 것이다.'" 그러자 죽었던 그의 아들이 다시 살아났다. 그는 '믿음의 은사'가 자신에게 임했다고 믿었다. 그 순간 그 은사가 필요했던 것이다.

리자 성령 충만한 신자라면 누구나, 삶의 어느 순간에나 그런 은사를 행할 수 있는가?

존 굳이 치유의 은사를 기다릴 필요도 없다. 예수님은 "믿는 자들에게는 이런 표적이 따르리니 곧 그들이 내 이름으로… 병든 사람에게 손을 얹은즉 나으리라"(막 16:17-18)고 말씀하셨다. 당신도 다른 사람의 치유를 위해 믿음으로 기도하면 된다. 하나님은 자신의 말씀을 존중하시는 분이므로 그 기도도 존중하신다.

리자 우리는 성령께서 예수님을 계시하러 오셨음을 안다. 지난 20여 년 동안 우리는 몸을 떨고, 소리 내어 웃고, 바닥을 구르고, 넘어지는 등의 표현을 보았다. 이런 것들이 어떻게 예수님을 계시하는가?

존 물론 성경에 특이한 표적과 기사가 나타날 때가 있다. 그것들은 대개 사람의 주의를 끌어 예수님을 가리켜 보인다. 하지만 내가 정말 싫어하는 것이 있다. 사람들이 '표현을 주시는 분'보다 표현 자체에 더 빠져드는 것이다. 한번은 내가 말씀을 전하고 있던 싱가포르의 한 교회에 신유의 은사를 받은 전도자가 왔다. 그의 은사는 사람들의 히스테리성 웃음으로 나타났다. 예배 중에 나는 그 큰 교회에 하나님의 임재가 막 임하려는 것이 느껴졌다. 그런데 갑자기 사람들이 웃음을 터뜨렸다. 마치 못으로 칠판을 긁는 소리 같았다. 내 영에는 그렇게 느껴졌다.

리자 그 일 자체는 잘못된 게 아니지만 때가 좋지 않았다는 것인가?

존 나는 이렇게 말했다. "그만하십시오! 지금 여러분은 성령을 따른 게 아니라 표현 자체에 안주해 있습니다. 그분이 여기서 하려던 일은 그게 아닙니다. 그분은 사람들을 깊이 만져서 주님을 경외하는 마음을 주시려 했습니다. 지금부터 성령께서 다시 오셔서 역사해 주시기를 바랍시다." 그런 다음 사람들에게 다시 기도하게 했다. 성령께서 임하셨고 사람들이 사방에서 울기 시작했다. 그날 그 못마땅한 표현은 사람들의 과시에 거의 가까웠다. 모든 사람 앞에서 친밀함을 나누는 부부는 없다. 그런데 그들은 하나님께 받은 친밀함을 자랑하려는 것 같았다. 마치 "이것 좀 봐라! 우리는 영적이다"라고 말하는 것 같았다. 나는 성령을 더 알수록 그분을 더 보호하고 싶어진다. 그분을 소멸하는 게 아니라 그분의 은사와 능력과 권능을 더 존중하며 높이고 싶다. 데살로니가전서 5장 19-21절에 성령을 소멸하지 말라는 말씀이 나온다. 성령의 권능과 은사를 소멸하면 곧 성령을 소멸하는 것이다. 그래서는 안 된다! 오히려 우리는 그분을 존중해야 한다. 그분을 마치 값싼 영향력이나 무슨 세력인 것처럼 과시해서는 안 된다. 이 말을 하고 싶다. 우리는 무엇이든 하나님의 원대로 하시도록 그분께 구하며 청하고 있다. 성령께서 일하시는 방법이나 시기가 우리에게 불편하게 느껴질 때도 있다. 하지만 그분은 결코 강요하거나 조종하거나 닦달하지 않으신다. 그분이 하시는 일은 하나님의 시선을 끈다. 결코 인간에게 주목을 받지 못한다. 대개 특유의 분위기와 임재가 있다. 최근에 나는 각기 다른 교단에 속한 사람들과 함께 있을 기회가 있었다. 그중 일부는 은사의 표현들을 조롱했다. 그런 표현들이 한때는 생생했으나 이제는 하나님의 복이 계속되기를 바라는 마음에서 명맥만 유지되는 것 같았다. 알맹이는 도중에 사라지고 형식만 남은 것이다. 그들은 그것을 비웃었다. 우리는 은사의 어떤 표현도 비웃지 않는다. 우리는 성령께서 가지신 것이라면 전부 다 원한다. 다만 그것이 믿음과 단정한 질서 안에서 이루어지기를 원한다. 하나님의 임재가 수반되기를 원한다.

리자 뭔가에 대해 정말 평안이 있다고 느껴지는데, 그것이 하나님께로부터 온 것이 아닐 수도 있는가?

존 물론이다. 에스겔 14장에는 하나님이 마음에 우상을 품고 그분을 찾아오는 사람들에 대해 말씀하시는 것이 나온다. 우상이란 무엇인가? 신약에서 우상이란 탐심 즉 뭔가에 대한 잘못된 욕심이다(골 3:5 참조). 사람들은 마음에 우상을 품고도 선지자를 찾아가 "나를 위해 기도해 주시오. 내게 주님의 말씀을 들려주시오"라고 말한다. 하나님은 "나 여호와가 그 우상의 수효대로 보응하리니"(겔 14:4)라고 말씀하셨다. 하나님의 임재 안에 들어가 뭔가를 구할 때는 반드시 내 마음을 중립으로 놓아야 한다. 그런데 나는 그렇지 못한 때가 있었다. 마음이 중립이 아니다 보니 하나님께로부터 오지 않은 평안이 내게 있었다. 그 결과로 나는 큰 슬픔을 맛보아야 했다. 그래서 나는 우리 부부가 연애 초기에 지리적으로 멀리 떨어져 있었던 것을 큰 다행으로 여긴다. 우리는 관계의 진척 여부를 두고 30일 동안 기도했다. 내가 리자에게 워낙 매혹되어 있었으므로 그 매혹에 지배당하지 않게 되기까지 25일쯤 걸렸다. 하지만 30일이 지나자 하나님이 만일 안 된다고 하셔도 흔쾌히 따를 수 있게 되었다. 그분이 안 된다고 하신다면 그것은 나와 리자에게 각각 다른 사람을 예비해 두셨다는 뜻이 아닌가. 그렇게 중립 상태에 도달하고 나자 정말이지 그분의 음성에 귀를 기울일 수 있었다. 기도 골방에 들어갔는데 내가 중립 상태가 아니라면 우선 그것부터 해결해야 한다. 하나님의 말씀과 기도를 통해 중립에 도달해야 한다. 하나님의 응답을 가부간에 다 받아들일 수 있어야 한다. 내가 어느 한쪽으로 치우쳐 있으면 거짓된 평안이 찾아온다.

리자 우리 인생에서 그런 적이 많았다. '이거다, 이때다, 저기다' 싶었지만 알고 보면 전혀 그게 아니었다. 우리는 완전히 백지 상태로 돌아가 "하나님, 무엇이든 뜻대로 하소서"라고 고백해야 했다. 당신은 성령께로부터 오는 앎에 대해 말한다. 나는 《양육》(Nuture)이라는 책을 쓰면서 직관(intuition)이라는 단어를 찾아보았다. 라틴어의 두 단어 in과 tueor가 합성된 이 단어는 '내면의 가정교사'라는 뜻이다.[2] 성령은 우리 내면의 가정교사이시다. 그분은 우리에게 새로운 마음을 주시고(겔 36:26 참조) 새로이 가르쳐 주신다. 인생을 살다 보면 다 옳아 보이는데 틀렸다는 직감이 오는 경우가 있다. 사람에 대해서도 그렇고 상황에 대해서도 그렇다. 거기에 대해서는 어떻게 생각하는가?

존 나도 내면의 가정교사의 음성을 듣지 않았을 때는 매번 덫과 올무에 걸렸다. 내 영으로는 틀린 줄 알면서도 겉보기에는 다 옳아 보였다.

리자 대개 떠오르는 첫 반응은 성령이 주신 생각인가?

존 그렇다. 대개 첫 반응이 성령께서 주신 생각이다. 아내의 조언을 무시할 때도 똑같은 문제가 생겼다. 남편과 아내들에게 말하고 싶다. 신혼 초에 나는 하루에 한 시간 반쯤 기도한 반면 리자는 내가 보기에 샤워 중에 10분쯤 기도하는 듯했다. 나는 리자에게 이런 말을 자주 했다. "여보, 나는 정말 우리가 이렇게 해야 된다고 생각해요. 정말 우리가 저렇게 해야 된다고 느껴집니다." 그러면 리자는 "나는 그런 느낌이 안 드는데요" 라고 말하곤 했다. 그런데 절반의 경우는 아내가 옳았다! 나는 굉장히 좌절감이 들었다. 그래서 하루는 이렇게 기도했다. "하나님, 저는 아침마다 한 시간 반씩 기도하고 아내는 샤워 중에 10분간 기도하는데 아내가 옳은 경우가 절반이 넘습니다." 주님은 내게 원을 하나 그려 보라고 말씀하셨다. 그래서 종이 위에 원을 그렸더니 원 안에 가위표를 가득 채워 넣으라고 하셨다. 원 안에 온통 가위표를 했다. 그러자 하나님은 한가운데에 선을 그으라고 하셨다. 나는 아래와 같이 원 한가운데에 위아래로 선을 그었다.

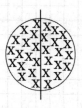

그러자 하나님은 이렇게 말씀하셨다. "보다시피 가위표의 절반은 한쪽에 있고 절반은 다른 쪽에 있지 않느냐? 존, 네가 독신일 때는 혼자로도 내 안에서 온전했다. 하지만 이제는 리자와 한 몸이 되었다. 그 원은 너와 리자를 나타낸다. 왼쪽 절반은 너이고 오른쪽 절반은 리자다."

그분의 말씀은 계속되었다. "가위표가 무엇을 나타내는지 아느냐? 나에게서 받아야 할 정보를 나타낸다. 그것이 있어야 지혜로운 결정을 내릴 수 있다. 문제는 네가 정보의 절반에만 기초하여 모든 결정을 내리고 있다는 것이다. 너는 내가 리자에게 보여 주는 부분을 아내의 마음에서 길어 올릴 줄 알아야 한다. 그래야 가장으로서 모든 정보를 가지고 결정을 내릴 수 있다." 직관에 대해 그런 통찰이 생겼으니 질문에 대한 내 답은 이것이다. 그렇다. 처음에 느껴지는 제지를 무시했을 때 나중에 문제가 생겼다. 아내의 말에 대해서도 나는 그것이 성령께로부터 온 것임을 알면서도 무시한 적이 있다. 성령께서 하시는 일이 무엇인가? 그분은 증언하신다. 물론 몇 년에 한 번꼴로 아내도 잘못된 동기에서 말할 때가 있다. 그럴 때면 나는 그게 믿음에서 나온 말이 아니라 두려움에서 나온 말임을 알기에 거기에 따르지 않는다. 하지만 대부분의 경우 리자가 말하면 내 영 깊은 곳에서 그 말이 옳음을 안다. 그 증언을 무시하면 나만 손해다.

리자 존의 마음이 아주 너그러운 것 같다. 어쨌든 하나님이 뭔가 말씀하실 때 우리는 그분을 신뢰할 수 있다. 사람들이 그것을 알았으면 좋겠다. 연구자들에 따르면 영혼의 인지 능력은 생각보다 훨씬 빠르다고 한다. 무턱대고 인간의 논리로 분석할 때 우리는 자신을 의심하는 게 아니라 하나님을 의심하는 것이다. 하나님이 뭔가 말씀하실 때 우리는 그대로 따라야 한다. 최근에 사람들과 함께 버스를 탄 적이 있다. 나는 원래 버스를 싫어한다. 그날 우리 일행은 공항에서 정말 오랫동안 버스 안에 있었다. 우리는 미리 지정한 장소에서 버스를 탔는데 그중 한 사람이 버스 타는 곳을 찾지 못했다. 아무리 전화해도 그녀가 보이지 않더니 한참 후에 껑충껑충 뛰며 손을 흔드는 사람이 보였다. 그녀는 착각해서 저 멀리 택시 타는 곳에 있었던 것이다. 나는 그녀 때문에 짜증이 났지만 그녀를 보는 순간 사랑하는 마음이 들었다. 대번에 마음이 열렸다. 그녀를 보자마자 사랑한 덕분에 우리는 아주 친한 사이가 되었다. 하나님은 우리에게 그런 관계를 주신다. 본능은 온통 '내가 저 사람을 사랑할 이유가 없다'고 말했지만 어쨌든 나는 사랑했다. 오늘 그녀로부터 장문의 이메일을 받았다. 거기에 이런 말이 있었다. "당신은 나를 곧바로 사랑했어요. 그 즉각적인 사랑을 통해 한없이 외로운 내 인생의 시기에 하나님의 사랑을 느낄 수 있었답니다." 우리가 환경에 지배당하지 않고 단순히 사랑을 따라가면 그런 일이 벌어진다. 남편이 내게 이렇게 말한 적도 있다. "여보, 그 사람에 대한 느낌이 좋지 않아요." 그러면 나는 "당신은 여자가 아니잖아요. 이런 분야는 나만큼 모른다고요"라고 반응했다. 존이 나에게 그렇게 경고한 적이 서너 번쯤 될 것이다. 그 말을 듣지 않았을 때는 나중에 문제가 생겼다.

존 이 말을 하고 싶다. 사도행전 15장에 보면 바울과 바나바는 이방인 신자들이 모세의 율법을 지켜야 하는가의 문제로 변론에 부딪쳤다. 교회는 그들 둘을 예루살렘으로 보내 사도들과 장로들을 만나게 했다. 바나바와 바울은 왜 스스로 결정하지 않았는가? 왜 예루살렘에까지 내려가 그 모든 사람들과 모여야 했는가? 연합이 있는 곳에 능력과 인도하심도 따라가기 때문이다. 그래서 남편들과 아내들은 어떻게든 최선을 다해 연합을 지켜야 한다. 그렇게 연합된 상태로 있을 때 하나님의 분명한 응답을 얻을 수 있다.

리자 성령의 은사와 성령의 열매는 어떻게 다른가?

존 성령의 은사는 하나님이 우리 삶에 그냥 주시는 것이다. 그 자체는 가꾸거나 개발할 필요가 없이 자동으로 역사한다. 은사를 활용하는 방법만 가꾸면 된다. 반면에 성령의 열매는 우리가 가꾸어야 한다. 요컨대 은사는 주어지는 것이고 열매는 가꾸는 것이다. 성령의 열매는 성령의 인도함을 받아 살아갈 때 나타나는 결과다. 성령 안에서 행할 때 가꾸어지는 열매란 바로 당신이 기쁨과 평안과 인내와 사랑 등이 더 많은 사람이 되는 것이다(갈 5:22-23 참조). 그 사랑과 기쁨과 평안이 당신에게서 발산되는 이유는 당신이 성령과 동행하기 때문이다. 열매는 당신의 삶과 관계된다. 성령의 열매가 당신의 사역을 안전하게 지켜 주는 기초라면 성령의 은사는 사역 자체를 가능하게 한다. 그런데 안타깝게도 열매보다 은사를 더 추구하는 사람들이 많다. 나는 이렇게 기도하곤 한다. "하나님, 하나님이 제 안에 가꾸어 주신 열매가 하나님이 제 삶에 허락하신 은사에 밀려나기를 원하지 않습니다." 이렇게 기도하는 이유는 끝까지 잘 마치고 싶어서다. 은사를 쫓아다니는 사람들이 많기 때문이다. 성경은 "사랑을 추구하며 신령한 것들을 사모하되"(고전 14:1)라고 말한다. 그런데 사람들은 열매(사랑)는 무시한 채 은사를 추구한다. 은사는 사람을 붙들어 주는 성품이 없기에 결국 사람을 망하게 할 수 있다. 유다는 귀신도 쫓아내고 병자고 고쳤으나 지금 지옥에 있다. 예수님은 "그 사람은 차라리 태어나지 아니하였더라면 제게 좋을 뻔하였느니라"(마 26:24)고 말씀하셨다. 유다의 삶에 성령의 은사가 나타났으나 그는 열매를 가꾸지 못한 게 분명하다.

리자 어떤 사람들은 은사는 강한데 삶의 열매는 그 강한 은사와 큰 대조를 이루는 것을 본다. 어떻게 그럴 수 있는가?

존 발람을 생각해 보라. 발람은 예언의 은사를 받았다. 그의 예언이 정말 성경에 기록되어 있다! 그가 한 말은 하나님의 말씀이었다. 하지만 하나님은 백성에게 발람을 그의 칼로 죽이게 하셨다. 그가 아주 악하고 불순종했기 때문이다. 사울 왕은 제정신을 잃고 미치광이가 되었다. 하나님의 기름 부음을 받은 다윗을 죽이려고 추적하기까지 했다. 하지만 그런 그도 어느 날 선지자들과 함께 예언했다(삼상 19장 참조). 성령의 은사가 삶 속에 나타난다고 해서 반드시 하나님이 그 사람을 인정하신다는 뜻은 아니다. 예수님은 "그날에 많은 사람이 나더러 이르되 '주여 주여 우리가 주의 이름으로 선지자 노릇 하며 주의 이름으로 귀신을 쫓아내며 주의 이름으로 많은 권능을 행하지 아니하였나이까' 하리니"라고 말씀하셨다. 그때에 그분은 이렇게 답하실 것이다. "내가 너희를 도무지 알지 못하니 불법을 행하는 자들아 내게서 떠나가라"(마 7:22-23 참조). 하루는 주님이 내게 이런 말씀을 하셨다. "잘 보았느냐? 그 사람들은 이렇게 말하지 않는다. '우리가 주의 이름으로 가난한 자들을 먹이며 주의 이름으로 재소자들을 찾아갔나이다.' 그런 일을 하는 사람들은 열매를 가꾼다."

성령의 열매를 가꾸는 일은 끝까지 잘 마칠 수 있는 안전장치다. 나는 어느 대형 교회에서 일할 때 그것을 처음 배웠다. 전 세계에서 가장 유명한 교회 중 하나인 그곳에는 가장 명망 있는 강사들도 왔고 별로 알려지지 않은 강사들도 왔다. 그야말로 가지각색의 기독교 사역자들이 거쳐 갔다. 내 일은 공항에서 강사들을 모셔다가 체류 기간 동안 대접하는 것이었다. 어떤 사역자들이 차에 타면 꼭 예수님이 내 옆에 앉아 계신 것 같았다. 그들이 강단에 올라가 설교하면 꼭 예수님이 강단에 올라가 설교하시는 것 같았다. 하지만 어떤 사람들이 차에 타면 이런 생각이 들었다. '이게 어떻게 된 건가? 왜 나까지 더러워진 기분이지? 이들의 대화는 왜 이렇게 음탕하지?' 그런데 그들이 강단에 올라가면 사람들이 구원과 치유와 변화를 받았다. 가짜 구원이나 가짜 치유가 아니라 정말 성령의 능력이었다. 나는 의문이 들었다. "하나님, 이해가 안 됩니다! 어떻게 된 겁니까? 내 앞에서 그렇게 행동하던 이들이 강단에 올라서면 사람들이 구원받고 치유됩니다. 어떻게 그럴 수 있습니까?"

바로 그때 하나님은 유다가 하나님 나라를 선포하고 귀신을 쫓아내고 병자를 고치고 기적을 행했지만 지금 지옥에 있음을 내게 일러 주셨다. 발람은 예언했지만 하나님이 칼로 그를 죽이셨다. 사울도 예언했지만 끝이 좋지 않았다. 주님은 내게 말씀하셨다. "하나님의 기름 부음과 은사가 삶 속에 나타난다 해서 반드시 하나님이 그 사람을 인정하신다는 표시는 아니다." 그들의 열매로 그들을 안다(마 7:16 참조).

리자 그렇다면 은사는 우리의 삶 위에 임하는 것이지만 열매는 삶 속에 즉 내면의 성품을 가꾸는 것이라 할 수 있는가?

존 그렇다. 아주 좋은 표현이다.

리자 당신은 내면의 평안이 우리를 인도한다고 말했다. 또 성령께서 막으실 때 찾아오는 제지의 느낌, 불편하고 꺼림칙한 느낌에 대해서도 말했다. 하지만 어떤 사람들은 하나님이 오늘날에도 우리에게 말씀하신다는 개념을 받아들이지 않는다. 그들은 하나님이 성경을 통해서만 말씀하신다고 믿는다. 당신은 하나님이 오늘날에도 말씀하신다고 믿는가? 그분은 기록된 말씀에 일치되게만 말씀하시는가?

존 우선 바울은 고린도 교회에게 "너희가 이방인으로 있을 때에 말 못하는 우상에게로 끄는 그대로 끌려갔느니라"(고전 12:2 참조)고 했다. 다시 말해서 고린도 사람들이 섬겼던 신들은 말을 할 줄 몰랐다. 그러나 바울의 말대로 우리 하나님은 말씀하신다는 점에서 다르다. 그것도 알아들을 수 있게 똑똑히 말씀하신다. 하나님은 어떻게 말씀하시는가? 신약성경을 보면 하나님이 우리에게 말씀하시는 방법이 여러 가지로 나와 있다. 가장 먼저 내면의 증언 즉 평안이다. 그것이 하나님이 우리에게 말씀하시는 첫 번째 방법이다.

리자 그분의 기록된 말씀보다 더 먼저인가?

존 아니다. 기록된 말씀이 항상 그것과 일치한다. 마음의 평안이 하나님의 말씀에 일치되지 않는다면 거기에 귀를 기울여서는 안 된다. 틀림없이 당신의 마음속에 잘못된 동기가 있다. 먼저 중립으로 돌아가야 한다. 최종 권위는 기록된 말씀에 있다. 기록된 말씀이 언제나 기초이자 골격이다. 요컨대 내면의 증언이 첫 번째다. 두 번째는 성경이 말하는 세미한 음성이다. 예수님은 "내 양은 내 음성을 들으며"(요 10:27)라고 말씀하셨다. 성령은 예수님께 들으신 대로 말씀하신다. 그것이 세미한 음성이다. 어떤 사람들은 내면의 증언도 없이 아무 음성이나 따르다가 굴레에 매이곤 한다. 내 경우 하나님의 음성을 들었으면 매번 증언이 따라온다. 그리고 그 둘은 기록된 말씀에 일치한다. 기록된 말씀과 증언과 음성, 이것이 기초다. 음성만 있고 증언이 없다면 그 음성은 듣지 말라. 사람들이 집회 중에 나에 대해 예언한 적이 여러 번 있는데 정작 나는 하나님의 임재와 내면의 증언을 경험하지 못했다. 나는 그런 말에는 귀를 기울이지 않는다. 신약성경에 보면 하나님이 우리에게 말씀하시는 또 다른 방법은 꿈을 통해서다. 사도행전 16장에서 바울의 꿈 이야기가 나온다. 마케도니아 사람 하나가 바울의 꿈속에 나타나 "건너와서 우리를 도우라"고 말했다. 성령께서 꿈을 통해 바울에게 "마케도니아로 건너가라"고 말씀하신 것이다. 하나님이 꿈을 통해 좀 더 자주 말씀하시는 사람들이 있다. 예컨대 내 아내의 경우 하나님이 꿈을 통해 생생하게 말씀하신다. 하지만 내게는 대개 내면의 증언과 세미한 음성을 통해 말씀하신다. 성경에서 하나님이 사람들에게 말씀하시는 또 다른 방법은 환상을 통해서다.

바울은 환상도 보았다. 그것을 묘사할 때 그는 "그가 몸 안에 있었는지 몸 밖에 있었는지 나는 모르거니와"(고후 12:2)라고 했다. 환상을 볼 때는 자신이 몸 안에 있는지 몸 밖에 있는지 잘 모른다. 하지만 말 그대로 영의 세계를 들여다본다. 1989년에 동역하던 목사가 리자와 나를 사역의 길로 내보낸 것은 환상 때문이었다. 그는 교역자 회의에 들어와서 이렇게 말했다. "어젯밤에 나는 환상을 보았습니다. 꼭 텔레비전 화면으로 보는 것 같았습니다. 여러분 목사들 중 하나는 곧 우리 팀을 떠나 전 세계를 다니며 그리스도의 몸 된 교회를 복되게 할 것입니다." 이어서 그는 "그 사람은 바로 당신, 존 비비어입니다"라고 말했다. 그로부터 8개월 전에 하나님은 나에게도 기도 중에 똑같은 말씀을 하셨다. 그러므로 이것은 나에게 확증이 되었다. 하나님이 우리에게 말씀하시는 마지막 방법은 황홀경을 통해서다. 베드로가 사도행전 10장에서 황홀경을 경험했다. 황홀경 중에는 우리의 감각이 일시 정지된다. 이것은 환상과는 다르다. 환상 중에는 감각에 전혀 제약이 없다. 돌아다닐 수도 있다. 바울과 요한은 천국에 올라갔을 때 돌아다녔다. 그러나 황홀경 중에는 뭔가가 보이고 하나님의 음성이 들릴 뿐 다른 모든 감각은 일시 정지된다. 이렇게 말할 사람도 있을 것이다. "하지만 양털로 알아보는 방법은 어떤가?" 양털은 구약시대에 하나님의 음성을 듣던 방법이다. 구약의 모든 것을 우리는 십자가에 통과시켜야 한다. 십자가는 그것을 그냥 두거나, 고치거나, 없애거나 셋 중 하나를 한다. 양털을 십자가에 통과시키면 내가 보기에는 십자가가 그것을 없앤다. 성경은 "무릇 하나님의 영으로 인도함을 받는 사람"이라 했지 "양털로 인도함을 받는 사람"이라 하지 않았다 (롬 8:14 참조). 구약시대의 사람들 안에는 성령께서 거하시지 않았다. 그래서 하나님은 양털 같은 것들을 통해 그들에게 말씀하셨다. 개인적으로 나는 신약의 신자들에게 양털 같은 방법을 권장하지 않는다. 그런 방법도 내 생각에 괜찮기는 하지만 결국 당신은 기록된 말씀과 내면의 증언으로 인도함을 받아야 한다. 양털은 물리적 세계에 속한다. 당신은 그 세계에서 행하다가 일을 망치고 싶지 않을 것이다. 우리는 성령 안에서 살고 성령으로 행하도록 부름 받았다.

리자 거기에 덧붙이고 싶은 말이 있다. 위의 모든 답변은 영적 세계에 준한 것이다. 그 외에도 우리가 받은 아주 분명한 명령이 있다. 형제의 궁핍함을 보거든 도와줄 마음을 닫지 말라는 것이다(요일 3:16-18 참조). 굳이 하늘의 음성이 필요 없을 때가 있다. 그냥 궁핍함을 보거나 듣기만 하면 된다. 예컨대 우리는 사람들이 우리 기관의 책자들을 뜯어서 서로 돌려 본다는 말을 들었다. 그때 우리의 반응은 "어떻게 우리가 도와줄 마음을 닫을 수 있겠는가?"였다. 그 모습을 보지는 못했지만 듣기만 하고도 우리는 책자를 공급하기로 했다. 나는 그것을 잡지에서 읽었다. 해외에 나갔을 때 보았다. 성경에 "형제의 궁핍함을 보고도"라고 했는데 사람들은 그것에 대해서까지도 표징이나 황홀경이나 환상이나 꿈을 구할 때가 있다.

존 "형제의 궁핍함을 보고도."

리자 우리는 우선 우리의 궁핍한 형제자매로부터 시작한다. 궁핍한 그리스도인으로부터 시작한다. 실제로 우리 눈에 보이는 사람들, 실제로 우리 손으로 만질 수 있는 사람들, 실제로 우리 귀에 음성이 들리는 사람들로부터 시작한다. 우리는 도와줄 마음을 닫을 수 없다. 우리가 일반 세계를 보고 반응할 때마다 하나님은 우리에게 영적 세계의 일을 더 맡겨 주신다. 그분은 "지금까지 너는 이 일에 충실했다. 이제 너에게 믿음의 세계의 일을 좀 더 맡길 수 있다"라고 말씀하신다.

존의 추가 답변

질문 어떻게 하면 성령을 모독하는 것인가?

존 성령 모독에 대한 예수님의 말씀은 마태복음 12장 22-32절, 마가복음 3장 22-30절, 누가복음 12장 10절에 나온다. 마태와 마가의 기사에 분명히 나와 있다. 종교 지도자들은 예수님이 귀신의 왕 바알세불을 힘입어 귀신을 쫓아낸다고 비난했다. 바로 그때 예수님은 "사람에 대한 모든 죄와 모독은 사하심을 얻되 성령을 모독하는 것은 사하심을 얻지 못하겠고"(마 12:31)라고 말씀하셨다. 그러므로 성령을 모독한다는 것은 그분에 대해 노골적으로 악하게 말하는 것이며, 특히 성령의 나타나심이 마치 마귀의 역사인 양 말하는 것이다.

질문 성부나 성자 하나님께 하는 것과 똑같이 성령께 기도하고 찬송하는 것은 성경적인가?

존 물론이다. 성령은 하나님이시므로 마땅히 하나님으로서 예배를 받으셔야 한다. 요한복음 4장 24절에 "하나님은 영이시니 (그분을) 예배하는 자가 영과 진리로 예배할지니라"고 하셨다. 나는 우리가 성부와 성자 하나님을 찬송하듯이 성령께도 예배와 찬송을 드려야 한다고 믿는다.

질문 기도와 찬송 중 어떤 것을 성령께 해야 하는지 어떻게 아는가?

존 예수님은 제자들에게 이렇게 말씀하셨다.

내가 아직도 너희에게 이를 것이 많으나 지금은 너희가 감당하지 못하리라 그러나 진리의 성령이 오시면 그가 너희를 모든 진리 가운데로 인도하시리니 그가 스스로 말하지 않고 오직 들은 것을 말하며 장래 일을 너희에게 알리시리라 그가 내 영광을 나타내리니 내 것을 가지고 너희에게 알리시겠음이라… 조금 있으면 너희가 나를 보지 못하겠고 또 조금 있으면 나를 보리라… 내가 아버지께로 감이라… 그 날에는 너희가 아무것도 내게 묻지 아니하리라 내가 진실로 진실로 너희에게 이르노니 너희가 무엇이든지 아버지께 구하는 것을 내 이름으로 주시리라(요 16:12-14,16-17,23).

우리는 예수님의 이름(권세)으로 성부 하나님께 구한다. 그리고 성령과 교제한다. 성령과 소통하고 대화하고 질문한다는 뜻이다. 이 책 전체에서 그 내용을 다루었다.

질문 이미 무소부재하신 성령을 모임이나 예배에 '오시도록' 구하는 것은 성경적인가?
존 그렇다. 성경은 하나님의 무소부재하심과 그분이 자신의 임재를 나타내심을 둘 다 가르친다. 우선 무소부재하심에 대해서는 다윗의 말을 통해 배울 수 있다.

내가 주의 영을 떠나 어디로 가며
주의 앞에서 어디로 피하리이까
내가 하늘에 올라갈지라도 거기 계시며
스올에 내 자리를 펼지라도 거기 계시니이다

내가 새벽 날개를 치며

바다 끝에 가서 거주할지라도

거기서도 주의 손이 나를 인도하시며

주의 오른손이 나를 붙드시리이다

(시 139:7-10).

또 성경에는 하나님이 결코 우리를 버리거나 떠나시지 않는다는 말씀도 있다(히 13:5 참조). 이 또한 그분의 무소부재하심이다. 그분은 항상 어디에나 임재하신다. 반면에 하나님이 자신의 임재를 나타내실 때가 있다. 여기 나타내신다는 말은 보지 못했던 것을 보여 주신다, 듣지 못했던 것을 들려주신다, 알지 못했던 것을 알려 주신다는 뜻이다. 하나님은 자신을 우리의 감각에 계시하심으로써 자신의 임재를 나타내신다(요 14:19-24 참조). 그것을 구하는 것은 내가 믿기로 성경적이다.

질문 왜 우리는 하나님께 성령을 부어 달라고 기도하는가? 그분은 이미 그렇게 해주시지 않았는가?

존 스가랴 10장 1절에 보면 "봄비가 올 때에⋯ 여호와께 비를 구하라"고 했다. 성경에서 비는 언제나 성령을 부어 주심을 상징한다. 내 생각에 성령을 부어 달라는 우리의 기도는 지역 사회와 도시와 나라에 새롭게 부어 달라는 기도다. 그러면 성령의 명백한 임재가 더 크게 나타난다. 이를 통해 우리는 능히 하나님의 일을 할 수 있고 하나님 나라를 위해 더 많은 영혼을 추수하게 된다.

질문 어떻게 성령과의 관계를 더 깊이 가꿀 수 있는가? 어떻게 그분의 임재와 능력을 더 경험할 수 있는가?

존 말씀을 통해 하나님과 함께 시간을 보내야 한다. 하나님과의 친밀함을 가꾸는 방법을 이 책 2-3장에서 자세히 설명했다.

질문 성령은 모든 것을 아시는데 왜 우리는 성경을 읽어야 하는가?

존 하나님의 감동으로 된 성경을 그분이 우리에게 주신 목적은 성경이 "교훈과 책망과 바르게 함과 의로 교육하기에 유익하니 이는 하나님의 사람으로 온전하게 하며 모든 선한 일을 행할 능력을 갖추게 하려 함"(딤후 3:16-17)이다. 성령은 기록된 말씀(헬라어로 로고스[logos])을 통하여 우리에게 구두의 말씀(레마[rhema])을 들려주신다. 성령께서 로고스를 살려 내셔야 그것이 레마가 되어 우리에게 들려온다. 그래서 우리는 시간을 내어 성령께 마음을 열고 로고스를 읽어야 한다. 그렇지 않으면 레마를 듣기가 훨씬 어려워진다. 중국의 지하 교회는 성령으로 충만했지만 오랜 세월 성경을 간절히 원했다. 하나님의 말씀을 읽고 싶어서였다. 그래야 성령께서 성경을 통해 그들에게 말씀하실 수 있고 성경을 그들의 마음속에 살려 내실 수 있기 때문이다. 당신도 성경을 읽는 것이 매우 중요하다. 하나님의 말씀과 하나님의 성령은 서로 협력하는 동역 관계다. 잊지 말아야 할 사실이 있다. 성경에는 하나님의 비밀들이 담겨 있으며 그 비밀들을 우리에게 계시해 주시는 분은 성령이시다. 성경을 성령의 조명 없이 읽으면 본문에 적혀 있는 인간의 언어밖에 보이지 않는다. 하지만 성령을 통해 읽으면 인간의 이해를 초월하는 영적 의미를 깨달을 수 있다. 성령 안에서 우리가 그리스도의 마음을 가졌기 때문이다.

오직 은밀한 가운데 있는 하나님의 지혜를 말하는 것으로서 곧 감추어졌던 것인데 하나님이 우리의 영광을 위하여 만세 전에 미리 정하신 것이라 이 지혜는 이 세대의 통치자들이 한 사람도 알지 못하였나니 만일 알았더라면 영광의 주를 십자가에 못 박지 아니하였으리라 기록된 바 하나님이 자기를 사랑하는 자들을 위하여 예비하신 모든 것은 눈으로 보지 못하고 귀로 듣지 못하고 사람의 마음으로 생각하지도 못하였다 함과 같으니라 오직 하나님이 성령으로 이것을 우리에게 보이셨으니 성령은 모든 것 곧 하나님의 깊은 것까지도 통달하시느니라 사람의 일을 사람의 속에 있는 영 외에 누가 알리요 이와 같이 하나님의 일도 하나님의 영 외에는 아무도 알지 못하느니라 우리가 세상의 영을 받지 아니하고 오직 하나님으로부터 온 영을 받았으니 이는 우리로 하여금 하나님께서 우리에게 은혜로 주신 것들을 알게 하려 하심이라 우리가 이것을 말하거니와 사람의 지혜가 가르친 말로 아니하고 오직 성령께서 가르치신 것으로 하니 영적인 일은 영적인 것으로 분별하느니라 육에 속한 사람은 하나님의 성령의 일들을 받지 아니하나니 이는 그것들이 그에게는 어리석게 보임이요, 또 그는 그것들을 알 수도 없나니 그러한 일은 영적으로 분별되기 때문이라 신령한 자는 모든 것을 판단하나 자기는 아무에게도 판단을 받지 아니하느니라 누가 주의 마음을 알아서 주를 가르치겠느냐 그러나 우리가 그리스도의 마음을 가졌느니라(고전 2:7-16).

질문 우리 교회는 메말라 있다. 교회에 성령이 더 임하시게 하려면 일개 교인으로서 내가 할 수 있는 일은 무엇인가?

존 교회의 지도자가 아닌 이상 당신이 할 수 있는 일은 기도뿐이다. 첫째로, 당신의 삶 속에 성령을 모시라. 그러면 교회에 갈 때도 그분의 명백한 임재가 당신을 따라가게 된다. 둘째로, 당신 교회의 지도자들을 하나님이 움직여 주셔서 성령의 나타나심과 임재에 마음을 더 열게 해달라고 기도하라.

네가 만일 네 입으로 예수를 주로 시인하며 또 하나님께서 그를 죽
은 자 가운데서 살리신 것을 네 마음에 믿으면 구원을 받으리라 사람
이 마음으로 믿어 의에 이르고 입으로 시인하여 구원에 이르느니라(롬
10:9-10).

성령은 매 순간 당신과 교제하기를 간절히 원하신다. 하나님을 알고
그분의 나라를 진척시키도록 당신에게 힘과 능력을 주기 원하신다. 하지
만 하나님의 영과 친밀하게 살려면 먼저 그분의 아들 예수 그리스도를
통해 구원받아야 한다.

당신은 사랑받는 자녀로서 하나님 나라에 들어갈 수 있다. 하나님이
예수님의 죽음과 부활을 통해 그 길을 열어 주셨다. 십자가에서 치르신
예수님의 희생으로 인해 당신에게 영원하고 풍성한 삶이 값없이 주어졌
다. 구원은 하나님의 선물이다. 당신의 힘으로는 결코 구원을 얻어 내거
나 자격을 갖출 수 없다.

이 값진 선물을 받으려면 먼저 창조주를 떠나 살아온 당신의 죄를 인
정해야 한다(그 죄가 당신이 범한 모든 죄들의 뿌리다). 구원받으려면 이 회개
가 반드시 필요하다. 베드로는 사도행전에서 5,000명이 구원받던 날 이
를 분명히 밝혔다. "그러므로 너희가 회개하고 돌이켜 너희 죄 없이 함

을 받으라"(행 3:19). 성경은 우리 모두가 죄의 노예로 태어났다고 선포한다. 이런 노예 상태는 아담의 죄에서 기원한다. 고의적인 불순종의 습성이 그에게서 시작되었다. 그동안 당신은 자신에게 순종했고 거짓의 아비인 사탄에게 순종했다. 회개란 거기서 돌이켜서 당신의 새로운 주인이신 예수 그리스도께 순종하겠다는 의지적 결단이다. 그분은 당신을 위해 자신의 목숨을 버리신 분이다.

당신 삶의 주권을 예수님께 넘겨 드려야 한다. 예수님을 '주님'으로 삼는다는 말은 당신의 생명(영과 혼과 몸)의 소유권을 그분께 드린다는 뜻이다. 당신의 존재와 소유를 전부 드리고 삶에 대한 절대적 권한을 드리는 것이다. 그렇게 하는 순간 하나님이 당신을 어둠에서 구하여 밝고 영광스러운 그분의 나라로 옮겨 주신다. 간단히 말해서 당신은 사망에서 생명으로 옮겨져 그분의 자녀가 된다!

예수님을 통해 구원받고 싶다면 이렇게 기도하기 바란다.

"하늘에 계신 하나님, 제가 죄인이며 하나님의 의로운 기준에 미치지 못함을 인정합니다. 저는 제 죄 때문에 영원히 심판을 받아 마땅합니다. 저를 이 상태로 그냥 두지 않으시니 감사합니다. 저는 하나님께서 그 외아들 예수 그리스도를 보내신 것과, 예수님이 처녀 마리아에게서 나신 것과, 저를 위하여 죽으셨고 십자가에서 제 심판을 대신 당하신 것을 믿습니다. 그분이 사흘 만에 다시 살아나셔서 지금 저의 구주와 주님으로 하나님의 오른편에 앉아 계신 것도 믿습니다. 그래서 오늘로 저는 그동안 하나님을 떠나 산 죄를 회개하며 제 삶을 예수님의 주권에 전부 드립니다. 예수님, 예수님을 저의 구주와 주님으로 고백합니다. 성령을 통하여 저의 삶 속에 오셔서 저를 하나님의 자녀로 변화시켜 주십시오. 지금까지 붙들고 살았던 어둠의 일들을 버립니다. 오늘부터 저는 더 이상 저 자신을 위해서 살지 않고, 제게 영생을 주시려고 저를 위하여 자신을 버리신 주님을 위해서 주님의 은혜로 살겠습니다. 주님, 감사합니다. 제 삶은 이제 완전히 주님의 손안에 있습니다. 주님의 말씀대로 저는 영영 부끄러움을 당하지 않을 것입니다."

방금 당신은 지극히 높으신 하나님과 친밀하게 지내는 가장 놀라운 여정에 들어섰다. 날마다 그분과의 사귐이 더 깊어지기를 바란다!

주

chapter 1

1. James Strong, vol. 1, *A Concise Dictionary of the Words in the Greek Testament and The Hebrew Bible*, 44 (Bellingham, WA: Logos Bible Software, 2009).

2. A. W. Tozer, *A Treasury of A. W. Tozer* (Harrisburg, PA: Christian Publications, Inc., 1980), 290-291.

3. A. W. Tozer, *A Treasury of A. W. Tozer*, 295-296.

4. Andrew Murray, "The Holy Spirit In The Family," *Herald of His Coming*, February 2013, 8.

5. Lester Sumrall, *Spirit, Soul & Body* (New Kensington, PA: Whitaker House, 1995), 113.

6 W. E. Vine, Merrill F. Unger & William White, Jr., vol. 2, *Vine's Complete Expository Dictionary of Old and New Testament Words*, 29 (Nashville, TN: T. Nelson, 1996).

7. W. E. Vine, Merrill F. Unger & William White, Jr., vol. 2, *Vine's Complete Expository Dictionary of Old and New Testament Words*, 29, 111.

8. Rick Renner, *Sparkling Gems from the Greek* (Tulsa, OK: Teach All

Nations, 2003), 737.

9. Rick Renner, *Sparkling Gems from the Greek*, 26.

10. R. A. Torrey, "The Holy Spirit's Power in the Believer," *Herald of His Coming*, February 2013, 1.

chapter 2

1. Henry T. Blackaby & Claude V. King, *Experiencing God* (Nashville, TN: Broadman & Holman Publishers, 1994), 86-87. 헨리 블랙커비,《하나님을 경험하는 삶》(요단 역간).

2. Henry T. Blackaby & Claude V. King, *Experiencing God*, 87.

3. Henry T. Blackaby & Claude V. King, *Experiencing God*, 87.

4. Spiros Zodhiates Th.D. ed., *The Complete Word Study Dictionary: New Testament* (Chattanooga, TN: AMG Publishers, 1992), S. V. "metochos."

5. Brother Lawrence, *The Practice of the Presence of God* (New Kensington, PA: Whitaker House, 1982), 61, 65. 로렌스 형제,《하나님의 임재 연습》(두란노서원 역간).

6. Brother Lawrence, *The Practice of the Presence of God*, 37.

7. Brother Lawrence, *The Practice of the Presence of God*, 41, 46, 47, 49.

8. Rick Renner, *Sparkling Gems from the Greek*, 116.

chapter 3

1. Francis Frangipane, *Holiness, Truth and the Presence of God* (Cedar Rapids, IA: Arrow Publications, 1999), 56-57.

2. Francis Frangipane, *Holiness, Truth and the Presence of God*, 58-59.

3. 로마서 1:17, 고린도후서 3:18을 참조하라.

4. C. H. Spurgeon, *All of Grace* (New Kensington, PA: Whitaker House, 1981), 115. 찰스 스펄전,《찰스 스펄전의 은혜》(프리셉트 역간).

5. Jeanne Guyon, *Experiencing the Depths of Jesus Christ* (Jacksonville, FL: SeedSowers Publishing, 1975), 3. 잔느 귀용,《예수 그리스도를 깊이 체험하기》(생명의말씀사 역간).

chapter 4

1. Rick Renner, *The Dynamic Duo: The Holy Spirit and You*, 105 (Lake Mary, FL: Charisma House, 1994).

2. Joseph Henry Thayer, *A Greek-English Lexicon of the New Testament: Being Grimm's Wilke's Clavis Novi Testamenti*, 509 (New York: Harper & Brothers, 1889).

3. 출애굽기 3:2-4, 13:21, 14:24, 시편 78:14을 참조하라.

4. M. G. Easton, *Easton's Bible Dictionary* (New York: Harper & Brothers, 1893).

5. Joseph Henry Thayer, D.D., *Thayer's Greek-English Lexicon of the New Testament* (Grand Rapids, MI: Baker Book House, 1977), 517, adapted.

6. Reinhard Bonnke, *Living a Life of Fire* (Orlando, FL: E-R Productions LLC, 2009), 237.

7. Watchman Nee, *Let Us Pray* (New York, NY: Christian Fellowship Publishers, Inc., 1977), 71.

chapter 5

1. Kenneth E. Hagin, *Why Tongues?* (Tulsa, OK: Rhema Bible Church, 1975), 14-16. 케네스 해긴,《방언기도의 능력을 풀어 놓으라》(믿음의말씀사 역간).

2. Spiros Zodhiates Th.D. ed, *The Complete Word Study Dictionary: New Testament* (Chattanooga, TN: AMG Publishers, 1992), S. V. "mysterion".

3. Oswald Chambers, *My Utmost for His Highest* (Uhrichsville, OH: Barbour Publishing, Inc., 1997), 155. 오스왈드 챔버스, 《주님은 나의 최고봉》 (토기장이 역간).

4. Oswald Chambers, *My Utmost for His Highest*.

5. Johannes P. Louw & Eugene Albert Nida, vol. 1, *Greek-English Lexicon of the New Testament: Based on Semantic Domains*, electonic ed. of the 2nd edition, 383 (New York: United Bible Societies, 1996).

6. James Strong, vol. 1, *A Concise Dictionary of the Words in the Greek Testament and The Hebrew Bible*, 51

부록

1. W. E. Vine, Merrill F. Unger & William White, Jr., vol. 2, *Vine's Complete Expository Dictionary of Old and New Testament Words*, 585. 이 항목 밑의 주(註)를 보면 teknon(어린 자녀)과 huios(장성한 아들)의 차이가 설명되어 있다.

2. *Noah Webster's First Edition of an American Dictionary of the English Language* (San Francisco: Foundation for American Christian Education, 1967, 1995), 113.

* 이 책에 실린 본문 성구는 다음의 성경 번역본을 사용했습니다(알파벳순).

· AMP=The Amplified Bible (The Lockman Foundation 발행)
· CEV=Contemporary English Version (American Bible Society 발행)
· NKJV=New King James Version (Thomas Nelson Publishers 발행)
· NLT=New Living Bible Translation (Tyndale House Publishers 발행)
· 개역개정판 (별도 표기가 없는 경우)
· 메시지 (복있는사람 발행)